Für meine Daniela

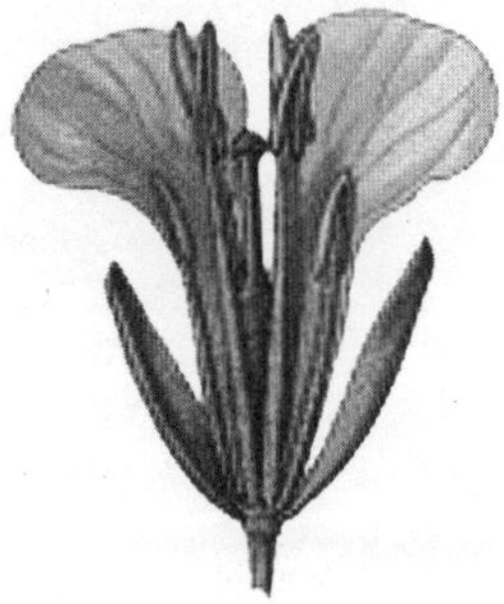

Hanns-Albert Schroll

Gib deinen Senf dazu!

Das Senf Kochbuch

REGIONALIA VERLAG

Hanns-Albert Schroll
Gib deinen Senf dazu! Das Senf Kochbuch

Einbandgestaltung: Handverlesen GbR, Bonn
Lektorat, Korrektorat, Layout und Satz: Handverlesen GbR, Bonn

Abbildungen auf dem Einband: Fotolia (oben: Ms. Moloko, unten: PhotoSG)

Printed in Poland
ISBN 978-3-95540-205-1
www.regionalia-verlag.de

Inhalt

Senf: nicht nur in der Küche ein Universalgenie

Zur Senfherstellung werden die ockergelben bis hellbraunen kugeligen Samen der Senfpflanze verwendet, die zur Familie der *Brassicaceae* (Kreuzblütengewächse) gehört; das Aroma der getrockneten Samen ist überaus dezent, erst beim Zerkauen entwickelt sich ihr scharfer Geschmack.

Inhaltsstoffe

Wie alle Samen enthält auch Senf in größeren Mengen fette Öle (30 %); Senföl, *mustard seed oil*, wird in Indien häufig zum Kochen verwendet.

Man muss jedoch darauf hinweisen, dass auch die giftigen Isotihocyanate oft als Senföl bezeichnet werden. Sie liegen, gebunden als Glukosesinolate, als Abwehrstoffe gegen Fressfeinde in den Pflanzen vor und sind sogar für diese selbst giftig. Damit soll nur gesagt sein, dass Senföle nicht uneingeschränkt zum Kochen zu empfehlen sind. In den USA und der EU sind sie daher nicht ohne strikte Auflagen für den menschlichen Verzehr freigegeben.

Wie gesagt, kocht man in Indien dagegen sehr häufig mit Senföl, es wird jedoch immer zuerst bis zum Rauchpunkt erhitzt und dann auf eine normale Kochtemperatur abkühlen gelassen. Dies dient der Zerstörung gesundheitsschädlicher Substanzen.

Etymologie

Das deutsche Wort »Senf« geht über das althochdeutsche *senef*, auch *senaf*, auf den lateinischen Begriff *sinapis* bzw. das griechische *sinapi* oder auch *napy* zurück; eine weitere Herleitung des Wortes ist nicht sicher geklärt, allerdings wurde vermutet, dass es aus dem Altägyptischen stammen könnte.

Das altenglische Wort *senep* wurde durch den von dem französischen *moutarde* abgeleiteten Begriff *mustard* verdrängt. Man findet es jedoch ab und zu noch bei Rezeptangaben in alten englischen Büchern. Und im Italienischen unserer Tage trifft man ebenfalls noch auf eine Ableitung aus dem Lateinischen: *senape*.

Ähnliche Bezeichnungen wie *mustard* gibt es außer im Französischen noch in anderen romanischen Sprachen – *mostarda* im Portugiesischen, *mostaza* im Spanischen –, aber durchaus auch im Deutschen: »Mostrich«.

Diese Namen gehen auf das lateinische *vinum mustum* –»Most«, »junger Wein«– zurück: Obwohl heute meist Wein zur Senfherstellung bevorzugt wird, nutzten die Römer dazu nämlich ursprünglich Most. Sie waren es auch, die den Senf in Nord- und Mitteleuropa eingeführt haben.

Andere Länder, andere Sitten

In den einzelnen europäischen Regionen werden unterschiedliche Senftraditionen gepflegt. Senfmanufakturen haben sich dabei besonders im nördlichen Bereich ausgeprägt.

Für England und die britisch geprägten Länder ist die sogenannte Coleman-Methode typisch, nach der seit zweihundert Jahren der meiste britische Senf hergestellt wird. Hierzu wird feinst gemahlener schwarzer Senf, mit geringen Beimengungen von weißem Senf- und eventuell Weizenmehl als Bindemittel, erst kurz vor der Verwendung mit Wasser angerührt.

Das Aroma und der Geschmack entwickeln sich innerhalb von ca. zehn Minuten. Wasabi, der japanische grüne Meerrettich, wird übrigens auf ganz ähnliche Weise hergestellt.

Der Coleman-Senf, diese englischste aller englischen Senfsorten, enthält im Allgemeinen keine weiteren Zutaten als Senfpulver und Wasser, dementsprechend schmeckt er scharf und rein. Jeder, der ihn einmal probiert hat, wird dies bestätigen. Coleman-Senf bzw. das dafür benötigte Senfmehl gibt es auch im gut sortierten Handel in Deutschland. In den englischsprachigen Ländern wird wesentlich mehr Senf konsumiert als oft angenommen.

Im genussfreudigen Frankreich serviert man neben dem hellen und oft scharfen Dijonsenf auch gerne den grobkörnigen Bordeauxsenf zu Speisen.

In einigen Regionen Frankreichs werden die von süß bis scharf reichenden Varianten des grobkörnigen Rôtisseursenfs bevorzugt.

Die botanische Herkunft und die Eigenschaften der Senfpflanze

Wie eingangs bereits erwähnt, gehört der Senf zur Familie der Kreuzblütengewächse. Die weiße Variante *(Sinapis alba)* zählt dabei zu der eigentlichen Gattung der Senfe *(Sinapis)*, während der schwarze *(Brassica nigra)*, der braune *(Brassica juncea)* und der indische Senf *(Brassica integifolia)* den Kohlgewächsen *(Brassica)* zuzurechnen sind.

Die ursprüngliche Herkunft des Senfs ist Westasien. In der heutigen Zeit wird er allerdings auf der ganzen Welt angebaut. Die Hauptlieferanten sind Nord- und Mittelamerika, Ostindien, Japan und Nordafrika. Die hochwertigsten Saaten werden dabei in Kanada, Montana (USA) und Osteuropa erzeugt.

Die Qualität ist auch abhängig von der Jahreszeit und Bodenbeschaffenheit. Je nach Sorte sind die Senfkörner entweder weiß bis gelb – bei weißem/gelbem Senf – oder braun – bei braunem und schwarzem Senf –.

Gelber Senf dient als wichtigster Rohstoff zur Herstellung von Senföl, -mehl und -paste. Für verschiedene Essiggemüse ist Senf als Korn und Würze unverzichtbar.

Es wird nur ein verschwindend geringer Teil der Welternte an schwarzem Senf zur Herstellung von Speisesenf verwendet, denn seine Schärfe ist nicht so gut zu erhalten wie die von weißem Senf, den man aufgrund der Farbe seiner Blüten auch gelben Senf nennt. Das liegt daran, dass die Inhaltsstoffe des schwarzen Senfs, wie das stechend schmeckende Allylsothiocyanat, flüchtig sind und langsam aber merklich hydrolisieren; das bedeutet, dass sie von Wasser abgebaut werden. Aus diesem Grund – und weil die extreme Schärfe in vielen europäischen Ländern vom Verbraucher ohnehin nicht sehr geschätzt wird – verwendet man zur Produktion von Speisesenf meist die weiße Art.

Einige besonders scharfe Senfspezialitäten (etwa Löwen- und Dijonsenf) bestehen allerdings aus einer Mischung aus schwarzem und weißem Senf bzw. rein aus Ersterem. Um sie besser haltbar zu machen, sind diese Senfsorten häufig ziemlich essighaltig, trotzdem verlieren sie ihre Schärfe wesentlich schneller als die aus weißem Senf bereiteten Varianten.

Von diesen beiden Sorten unterscheidet sich botanisch der orientalische Senf, der Sarepta- oder rumänische Braunsenf; er sticht durch sein überaus mildes Aroma hervor. Die Samen von braunem Senf sind ca. um die Hälfte kleiner im Korn und wesentlich schärfer im Geschmack als die von weißem Senf.

Der indische Senf ist sogar als Gemüse beliebt. Die Blätter der Pflanze werden ähnlich denen des Spinats zubereitet und sind sehr schmackhaft.

Es gibt insgesamt mehr als 40 Senfarten; gemeint sind hier nicht die verschiedenen im Handel erhältlichen Sorten von Senfzubereitungen, sondern die natürlich vorkommenden Senfpflanzen.

Für die Herstellung des uns bekannten Senfs werden aber vor allem zwei Sorten verwendet: der schärfere schwarze und der etwas mildere weiße bzw. gelbe Senf.

Senf ist ein eher unscheinbar blühendes Wildkraut. Die dottergelben Kreuzblüten sind mit denen des Rapses leicht zu verwechseln. Sie entwickeln Schoten mit relativ kleinen kugeligen Samen.

Der schwarze Senf wächst bis zu einem Meter hoch. Seine Schärfe verdankt er dem in ihm enthaltenen Sinigrin, aus chemischer Sicht ein Glucosesinolat, welches aus dem Kaliumsalz der Myronsäure besteht. Es ist auch noch im indischen Senf anzutreffen, nicht jedoch im weißen.

Dieser wächst nicht ganz so hoch – seine Höhe beträgt ca. 30 bis 70 cm – und seine Samen sind im Geschmack bitterer, aber weniger beißend.

Senf ist ein Würz- und Heilmittel, vor allem als Letzteres fand er bereits im 4. Jhdt. v. Chr. bei den Griechen Verwendung.

Zu seiner Herstellung als Würze werden die gemahlenen Körner mit Wasser, Zucker, Salz, Essig und eventuell noch weiteren Gewürzen gemischt.

Anbau und Gewinnung

Senf wird überwiegend auf – meist großflächigen – Feldern angebaut. Er ist auch als Zwischenfrucht sehr beliebt, insbesondere in der biologischen Landwirtschaft, da seine Wurzeln den Boden auflockern und durchlüften. Die Senfpflanze keimt schnell und kann in nur drei Monaten bis zu einem Meter hoch werden. Kurz vor der Vollreife – bevor die Schoten platzen und die Senfsamen herausfallen würden – werden die Pflanzen mit Gras- oder Bindemähern zu Garben geschnitten, gebunden und dann auf dem Feld zum Trocknen ausgelegt. Danach drischt man die Senfsaat aus und lässt sie nochmals einige Zeit nachtrocknen.

Als gute Ware bezeichnet man große Körner mit gleichmäßiger, meist goldgelber Farbe.

Historie: Geschichte und Geschichten

Bereits die Ägypter, Griechen und Römer waren überzeugte Senf-Anwender. Ein römisches Rezept aus dem ersten Jahrhundert ist der heutigen Senf-Zutatenliste bereits durchaus vergleichbar.

Im achten Jahrhundert schließlich gelangte der Senf nach Mitteleuropa als exotisches Gewürz. Im Mittelalter war er vor allem als Würzmittel für gepökeltes Fleisch geschätzt – aus dieser Zeit sind viele Rezepte überliefert, die auf Pökelfleisch und Senf basieren.

Aufgrund seiner Heilwirkung hielt der Senf damals auch Einzug in die Klöster und Privathaushalte. Er war vor allem für seine verdauungsfördernde Wirkung bekannt. Verantwortlich hierfür sind, wie man heute weiß, die ätherischen Öle: Sie regen den Speichelfluss und die Produktion von Verdauungssäften im Magen an. Zudem heißt es, dass die im Senf enthaltenen sekundären Pflanzenstoffe im Darm antimikrobielle und krebsvorbeugende Wirkung haben sollen.

Pythagoras soll geäußert haben: »Senf schärft den Verstand« – der kulinarische Satz des Pythagoras.

Darüber hinaus kursierten im Mittelalter aber auch die wildesten Vermutungen über die potenzsteigernde Wirkung des Senfes.

Anno 812 ordnete Kaiser Karl der Große den Anbau von Küchenkräutern an, darunter auch den von Senf, und überwachte streng den Vollzug seiner Vorschrift.

Man erzählt sich, Louis XI, der im Jahre 1634 das Senfmonopol für Dijon erließ, habe zu jeder Einladung ein irdenes Töpfchen mit Senf von seinem Hofmoutardier mitgeführt und bei den vielen Diners und Soupers, die er aufsuchen musste, auch reichlich Gebrauch davon gemacht. Louis XIV verlieh dem Dijonsenf gar ein eigenes Wappen; und auch in der heutigen Zeit hat diese Sorte noch einen besonders Stellenwert.

Wenn in Frankreich also Dijon die Senf-Hochburg darstellt, ist es in Deutschland ... Düsseldorf. So hat vor mehr als 200 Jahren ein Kastellan Bergrath im Düsseldorfer Schlossturm den »äschte Düsseldorfer Mostert«

verkauft. Im Jahre 1726 gründete Theodor Esser in Düsseldorf dann die erste Senffabrik in Deutschland.

Schon Goethe soll geäußert haben: »Der Sinap tut dem Laibe wohl.«

Zum Abschluss dieses kleinen Überblicks sei noch ein Blick auf die gängige und hier titelgebende Wendung »seinen Senf dazugeben« geworfen. Heutzutage ist sie zwar negativ behaftet. Es heißt jedoch, sie gehe auf das Mittelalter zurück und habe dort eine sehr positive Bedeutung gehabt: Senf sei damals ein Luxusgut gewesen und als solches unter Adeligen bei einem festlichen Mahl als Gabe überreicht worden. Belegt ist diese Redewendung allerdings erst für das 17. Jhdt. und im Wörterbuch der Gebrüder Grimm liest man schließlich:

> *… seinen senf zu etwas geben, seinen senf anbringen u. ähnl., hergenommen von dem würzen der speisen durch senf und übertragen auf ursprünglich beiszende, scharfe, witzige beiträge in einer unterhaltung, dann verblaszter auch auf auseinandersetzungen überhaupt, die anregend oder eindringend wirken sollen …*

Und dies entspricht in der Tat ja auch den positiven Eigenschaften des Senfes: Er ist scharf und anregend.

Der Senf und die Gesundheit

Für den scharfen Geschmack und die gesundheitsfördernde Wirkung des Mostrichs sind, wie bereits erwähnt, die ätherischen Öle verantwortlich, die ihre wohltuende Wirkung erst nach dem Mahlen der Körner beim Kontakt mit Wasser entwickeln. Senf regt den Appetit an und bringt die Verdauungssäfte in Schwung, deshalb vertragen wir fette Wurst mit Senf besser als ohne.

Des Weiteren macht die gelbe Paste Bakterien und anderen Keimen den Garaus. Mit Senfmehl aus der Apotheke oder dem Reformhaus kann man sich einen Brustwickel bereiten, der unter anderem bei Bronchitis hilft. Dazu mischt man Senfmehl mit warmem Wasser und streicht den so entstandenen Brei auf ein Baumwolltuch, schlägt dieses zusammen und wickelt es um die Brust (die genauen Anweisungen entnehmen Sie bitte der Fachliteratur). Die durch den Stoff wirkenden Senföle erhöhen die Durchblutung, wärmen und wirken schleimlösend. Allerdings muss man wegen der starken Hautreizung vorsichtig damit umgehen: Zunächst sollte man es mit einer kleinen Portion versuchen und die Haut der Behandlung nicht allzu lange aussetzen. Danach muss diese sorgfältig gewaschen und warmgehalten werden. Meine Großmutter schwor bei starkem Husten auf Senfmehl-Brustwickel, und ich muss sagen, ich habe alle problemlos überstanden und von ihrer heilenden Wirkung profitiert.

Bei chronisch kalten Füßen, unter denen vor allem die Damen häufig leiden, ist ein Senffußbad genau das Richtige. Man rührt ca. 50 g Senfpulver in fünf Liter warmes Wasser. Doch Vorsicht: Die Wassertemperatur darf nicht über 40° C liegen. Nun sollte man das Fußbad mindestens 20 Minuten lang genießen, es verhilft zu angenehm warmen Füßen. Im Anschluss daran empfiehlt es sich, dicke wollene Socken anziehen; Sie werden überrascht feststellen, dass die Wirkung sehr lange wohltuend anhält. Dieses Hausmittel dient auch der Vorbeugung von Erkältungskrankheiten.

Eine weitere medizinische Anwendungsmöglichkeit von Senf ist die sogenannte Darmbürste. Sie dient zum Entschlacken und Entgiften. Bei dieser Senfkörnerkur schluckt der Patient täglich 1–2 EL Senfkörner (möglichst aus ökologischem Anbau) unzerkaut mit Wasser. Die Wirkung der Kur besteht darin, dass die Körner im Darmtrakt aufquellen, dort ihr Senföl abgeben und die im Darm vorhandenen Giftstoffe aufnehmen, wodurch diese mit ausgeschieden werden.

Bei schmerzenden Gelenken wurden in der Hausmedizin Senfteigwickel angewandt. Da die Breimischung aus Senfmehl und warmem Wasser sehr hoch konzentriert ist, darf der Brei niemals direkt mit der Haut in Kontakt gebracht werden, sondern soll stattdessen zwischen zwei Leinentüchern für 15 Minuten auf der schmerzenden Stelle verbleiben und dort seine Wirkung entfalten. Absolut untersagt sind solche Wickel bei empfindlicher Haut und bei Kreislaufstörungen. Nach der Anwendung muss man die behandelten Stellen sofort gründlich reinigen, denn sonst besteht die Gefahr, dass Hautausschläge und Blasen auftreten.

Wir sehen also, Senf ist aufgrund seiner verdauungsfördernden und entzündungshemmenden Eigenschaften als prophylaktisches und kuratives Mittel aus der Geschichte der Medizin nicht mehr wegzudenken.

Senf – je schärfer, desto lieber?

Bei Senf verschiedene Qualitätsstufen zu unterscheiden, dürfte einem Laien ziemlich schwerfallen. Wer kann schon mit Bestimmtheit sagen, worin der Unterschied zwischen Tafelsenf und mittelscharfem Delikatesssenf wirklich besteht oder auf welche Merkmale man diesbezüglich achten muss?

Die meisten Menschen können Senfsorten nur anhand der Schärfe und der mehr oder weniger körnigen Beschaffenheit der Masse voneinander abgrenzen. Hinzu kommen die unterschiedlichen Geschmacksvorlieben.

Im Handel sind meist Senfe drei unterschiedlicher Schärfegrade zu erhalten: milder (Tafel-), mittelscharfer (Delikatess-) und scharfer Senf. Zu Letzterem zählen der Dijon- und der Düsseldorfer Löwensenf, bei dessen Herstellung die gemahlenen Senfkörner nicht entölt werden, wodurch er sein charakteristisches Aroma erhält. Laut Gesetz dürfen nur Hersteller aus dem Raum Düsseldorf diesen Senf herstellen und anbieten — ein Privileg, das dem Senf-Monopol der Stadt Dijon vergleichbar ist.

Die Lagerung von Senf

Wie viele andere Lebensmittel verträgt auch Senf Licht, Luft und Wärme weniger gut: Durch Licht leiden seine Farbe und sein Geschmack, an der Luft trocknet er aus und durch Wärme verliert er sein Aroma, außerdem oxydiert er und wird braun und unansehnlich.

In der Originalverpackung ist Senf zwar meist geschützt, nach dem Öffnen sollte man ihn aber verschlossen im Kühlschrank aufbewahren. Industriell gefertigter Senf hält so seinen Geschmack bis zu sechs Monate.

Ich selbst habe Senf aus einer Senfmühle im Tontopf im Kühlschrank fast zwei Jahre lang aufbewahrt – er hat nichts von seinem Geschmack verloren.

Professionelle und eigene Senfherstellung

Zunächst wird die Senfsaat gesäubert, geschrotet, entfettet – wobei sie einen Teil ihrer Schärfe verliert – und gemahlen, dann gibt man Wasser, Essig (oder, sofern vorhanden, sauren Most), Salz, Zucker und Gewürze hinzu. Anschließend setzt die Fermentation ein, die nur einige Stunden dauert. Es entsteht eine Maische. In Deutschland wird diese nochmals gemahlen, der Senf wird dadurch cremiger und dunkler. Dieses erneute Mahlen dient ebenso dazu, die zugeführten Gewürze und Essenzen homogen in die Masse einzuarbeiten.

Die einfachste Methode, »seinen eigenen Senf zu kreieren« besteht darin, ein bereits vorgefertigtes Produkt mit einem Gewürz eigener Wahl zu aromatisieren. Falls Sie einen Currysenf haben möchten, mischen Sie also einfach einen Teelöffel Currypulver in 100 g mittelscharfen Tafel- oder Delikatesssenf und lassen das Ganze ca. 20 Minuten lang durchziehen – schon haben Sie einen milden Currysenf, mit dem Sie viele Speisen verfeinern können.

Man kann Senf aber natürlich auch mit den verschiedensten Kräutern und Früchten aromatisieren – man hat enorm viele Möglichkeiten, sich einen Senf nach eigenem Ermessen zu gestalten.

Aber irgendwann genügt einem das nicht mehr, man möchte Senf dann wirklich von Grund auf selbst herstellen oder dies zumindest einmal ausprobieren. Hierfür nun eine kleine Anleitung:

Sie benötigen entweder einen Cutter oder eine Küchenmaschine, die in der Lage ist, sehr fein zu mahlen. Einige der guten Kaffeemühlen können das gewünschte Ergebnis ebenfalls durchaus erzielen. In kleinen Mengen kann man die Körner auch in einem Mörser zerstoßen.

Natürlich kann man für die eigene Herstellung von Senf auch bereits gemahlene Senfkörner in Form von Senfpulver oder -mehl verwenden. Diese Produkte sind in gut sortierten Drogerien oder Reformhäusern erhältlich, jedoch teurer als die unzerstoßenen Körner.

Selbst hergestellter Senf ist in der Regel viel schärfer als gekaufte Ware, er wird aber wesentlich milder, wenn man die gemahlenen Körner mit der Flüssigkeit ganz kurz erhitzt. Eine weitere Art, den Senf etwas milder zu gestalten, besteht darin, die Flüssigkeit aufzukochen und über die gemahlenen Körner zu gießen. Dabei muss man es allerdings unbedingt vermeiden, die Mischung zu stark kochen zu lassen, denn sonst wird der Senf bitter und verliert die Schärfe gänzlich.

Wenn Sie der Mischung zum Schluss der Zubereitung etwas Öl beifügen, wird sie glänzend.

Ein selbst hergestellter Senf in einem dekorativen Glas oder Topf ist als Geschenk immer willkommen.

Der Unterschied zwischen industriell gefertigtem und kalt gemahlenem Senf aus der Senfmühle

Da in unseren Konsumgesellschaften der westlichen Länder alles in großen Massen produziert werden muss, um jedwede Nachfrage befriedigen zu können, sind die Hunderte von kleinen Senfmühlen in Mitteleuropa der Aufgabe allein nicht mehr gewachsen gewesen – Senf wird seither mehrheitlich industriell hergestellt.

Dabei wird natürlich bevorzugt das kostengünstigste Verfahren angewendet, um möglichst viel Gewinn erwirtschaften zu können. Die Folge davon ist, dass es äußerst preiswerten Senf als Ware zu kaufen gibt, der allerdings außer dem Namen kaum noch etwas mit dem Urprodukt gemein hat.

In der Industrie werden zum Zerquetschen der Senfkörner große Metallwalzen benutzt, die sich durch die ständige Reibung, die dabei erzeugt wird, erhitzen. Die so entstehenden Temperaturen bewirken, dass sich die ätherischen Öle der Senfsaat weitgehend verflüchtigen. Bisher gibt es in der Massenproduktion noch kein Verfahren, das dem entgegenwirken könnte.

Stattdessen hat die Industrie Mittel und Wege gefunden, die verlorengegangene Schärfe und den Geschmack des Senfs anderweitig zu erzeugen: Es werden ihm verschiedene Gewürze zugesetzt, so beispielsweise Meerrettich für die Schärfe.

Wie glücklich kann man sich dagegen schätzen, wenn man die Möglichkeit findet, einen in einer Senfmühle hergestellten Senf zu genießen. Der Unterschied zum industriell gefertigten Produkt ist auch für Unkundige schnell feststellbar. Haben Sie beide Varianten zur Hand, probieren Sie von jeder einen Löffel voll, ohne auf das Etikett zu schauen, und belassen Sie den Senf kurze Zeit im Mund. Erleben Sie seinen Geschmack nur dort, dafür aber anhaltend, und ist er, je nach Gewürzmischung, angenehm und scharf zugleich, dann haben Sie das Glück, einen kalt gemahlenen Senf zu kosten. Ist der Geschmack hingegen recht flüchtig, vielleicht beißend scharf, und reizt er auch die Nasenschleimhäute, sodass Ihnen womöglich gar die Tränen in die Augen steigen, dann haben Sie es mit einem industriell gefertigten und mit Meerrettich versetzten Senf zu tun.

Natürlich ist der handgefertigte, kalt gemahlene Senf teurer und das ist auch gut so – Qualität hat eben ihren Preis.

Es gibt nur noch wenige in der Handwerksrolle verzeichnete Senfmüller in Deutschland. Es steht jedoch zu hoffen, dass diese ihr Handwerk noch lange Zeit ausführen werden, damit wir Genießer davon profitieren können.

Senfrezepte

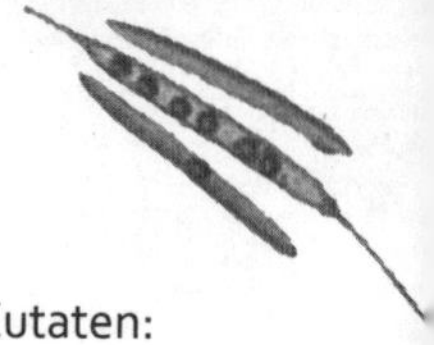

Zur Senfherstellung benötigen Sie folgende Utensilien und Zutaten:

Küchenutensilien:

- eine Kaffeemühle mit Schlagwerk oder ein anderes geeignetes Mahlwerk, für kleinste Mengen einen Mörser
- evtl. eine Briefwaage
- einen Messbecher
- ein elektrisches Handrührgerät
- evtl. ein Küchenthermometer

Für die Aufbewahrung des Senfs eignen sich entweder Gläser oder Tontöpfchen, die Sie, falls Sie sie nicht verschenken möchten, immer wieder verwenden können.

Zutaten:

Tipp:

Am günstigsten kann man Großpackungen von Senfkörnern in der Nähe von Schlachthöfen erwerben.

Die Grundbestandteile des Senfs sind:

- Senfkörner
- Wasser
- Salz
- Zucker
- Weißweinessig oder Most

Gelbe Senfkörner kann man in Kleinpackungen bis zu 100 g in jedem Supermarkt kaufen. In größeren Mengen sind sie im Reformhaus oder in Kräuterläden erhältlich.

Schwarze Senfkörner sind seltener zu bekommen, oft muss man sie bestellen.

Senfkörner lassen sich natürlich generell auch im Internet bestellen und dies teilweise zu moderaten Preisen. Meine Empfehlung wäre allerdings, sie zumindest für die ersten Versuche im Geschäft zu kaufen, wo man sie sehen und eventuell sogar befühlen kann – das geht eben leider nicht über das Internet.

Alle weiteren Zutaten, die wir zum Würzen des Senfs benötigen, werden dann im jeweiligen Rezept genannt.

Tipp:

In Deutschland erhält man aufgrund der Lebensmittelvorschriften nur 6%igen Weinessig – das ist jedoch 1 % mehr Säure, als wir zur Senfherstellung benötigen. Geben Sie dem Weißweinessig daher 20 % Wasser hinzu, so erreichen Sie das gewünschte Ergebnis. Anstelle von Wasser können Sie übrigens auch Fruchtsaft verwenden, allerdings keinen zu stark gezuckerten, sonst würde der Senf zu süß.

Vorüberlegungen

Bevor Sie mit der Zubereitung beginnen, sollten Sie vorab eine Entscheidung treffen: Möchten Sie lieber scharfen oder milden Senf herstellen?

Von dieser Frage hängt es nämlich ab, ob Sie besser schwarze (schärfere) oder weiße (mildere) Senfkörner verwenden sollten. Und auch über das Erhitzen kann der Schärfegrad beeinflusst werden, da die Senfsaaten, wie bereits erwähnt, ihre Schärfe bei über 40° C weitgehend verlieren.

Sie werden sich auch vielleicht fragen, ob Sie, wenn Ihnen keine entsprechende Mühle zur Verfügung steht, auf das Vergnügen, Senf selbst zuzubereiten, verzichten müssen.

Nun, mitnichten, denn es gibt auch eine Herstellungsart, bei der Sie sich mit einer Küchenmaschine oder einem Pürierstab behelfen können.

In den nachfolgend aufgeführten Rezepten ist zwar meist die Methode beschrieben, bei der die Senfkörner gemahlen werden; es sind jedoch auch einige darunter, die darauf basieren, dass man die Senfsaat über einen längeren Zeitraum in Essig, Wein, Wasser oder einer anderen Flüssigkeit einweicht, dann mit den entsprechenden Zutaten zusammen püriert und so die Senfmasse erhält.

Diese muss dann aber wie auch bei der Methode mit dem Mahlen des Saatkorns mindestens fünf Minuten lang kräftig gerührt werden, damit sie eine homogene Konsistenz erhält und der Senf streichfähig wird.

Arbeitsschritte

Bitte lesen Sie sich diese Anweisungen, die für alle Rezepte gelten, vor der Zubereitung derselben sorgfältig durch.

Tipp:

Senfkörner lassen sich noch feiner mahlen, wenn sie vorher mindestens eine Stunde lang im Tiefkühlfach gelegen haben.

- Wenn Sie kein fertiges Senfmehl verwenden, beginnen Sie mit dem Mahlen der Senfkörner. Mahlen Sie diese in kleinen Portionen – normalerweise passen in eine Mühle ca. 50 g – und achten Sie dabei darauf, dass das Mahlgut nicht warm wird; legen Sie daher immer wieder eine kurze Pause ein. Denken Sie auch daran, das am Boden und an den Kanten festhängende Mahlgut in regelmäßigen Abständen zu lösen.

- Erhitzen Sie das Wasser (selbstredend nur bei den Rezepten, bei denen dies angegeben ist). Generell gilt, für milden Senf verwendet man im Allgemeinen handwarmes Wasser bzw. solches, das schon einmal gekocht hat; für die scharfen Varianten nimmt man kaltes Wasser.

- Zerstoßen Sie eventuell beizugebende trockene Zutaten, wie getrocknete Kräuter oder Gewürzkörner, in einem Mörser ganz fein oder mahlen Sie sie.

- Hacken Sie andere mögliche Zutaten wie Zwiebeln äußerst fein, drücken Sie Knoblauch durch die Presse, reiben Sie Ingwer ebenfalls sehr fein und zerkleinern Sie ähnliche Zutaten so vollständig, dass Sie sich gut und gleichmäßig in eine Masse einarbeiten lassen.

- Vermischen Sie dann die Zutaten gut. Achten Sie bei den einzelnen Rezepten darauf, ob möglicherweise eine bestimmte Reihenfolge angegeben ist, in der die einzelnen Zutaten beigegeben werden sollen.

- Rühren Sie anschließend die entstehende Masse mindestens (!) fünf Minuten lang mit dem elektrischen Handrührgerät gut durch – es ist sehr wichtig, dass Sie diese Zeit einhalten und wirklich kräftig rühren, damit alle Zutaten gleichmäßig vermengt werden und die Masse die richtige Konsistenz erhält. Sie wird während des Rührens fester, da das Senfmehl langsam aufquillt.

- Lassen Sie den Senf dann fünf Minuten lang ruhen und abkühlen, füllen Sie ihn in Gefäße und lagern Sie ihn an einem kühlen Ort. Senf verdirbt zwar nicht, dennoch ist es angebracht, angebrochene Töpfe im Kühlschrank aufzubewahren, so behält der Senf länger seinen Geschmack.

Er entfaltet im Allgemeinen erst nach einer gewissen Zeit sein volles Aroma und sollte daher auch erst dann genossen werden. Die entsprechenden Zeitangaben finden Sie bei den einzelnen Rezepten.

Nun wünsche ich Ihnen viel Vergnügen beim Herstellen und Genießen Ihres eigenen Senfs.

Grundrezepte

Die nachfolgenden Rezepte ergeben jeweils unterschiedliche Mengen an Senf. Manche eignen sich dazu, einen kleinen Vorrat anzulegen. Überhaupt ist es sehr praktisch, unterschiedliche, originelle Senfvarianten zu lagern, auch in kleineren Mengen – so kann man beispielsweise bei Festivitäten darauf zurückgreifen, um sie als originelle Dips zu servieren.

Grundrezept für milden Senf

Zutaten:

100 g gelbe Senfkörner
20 g Zucker
10 g Salz
80 ml Wasser
60 ml 5%iger Weiß-
weinessig

Zubereitung:

Die Senfkörner mahlen, das Wasser auf 40° C erwärmen, alle Zutaten sorgfältig vermischen und gut verrühren, abfüllen und lagern.

Um sein volles Aroma zu entfalten, benötigt der Senf mindestens ein bis zwei Tage.

Dasselbe Rezept eignet sich im Übrigen auch zur Herstellung von mittelscharfem Senf, nur verwendet man dann kaltes anstelle von warmem Wasser.

Grundrezept für scharfen Senf

Zubereitung:

Die Senfkörner mahlen. Der schwarze Senf quillt nicht so stark wie der gelbe, deshalb die Flüssigkeiten zunächst langsam zuführen und eventuell etwas weniger davon nehmen, je nach Beschaffenheit der Masse. Dann alle Zutaten verrühren, in Gefäße füllen und an einem kühlen Ort aufbewahren. Prüfen Sie nach ca. zwei Tagen das Ergebnis.

Zutaten:

50 g gelbe Senfkörner
50 g schwarze Senfkörner
20 g Zucker
10 g Salz
80 ml kaltes Wasser
60 ml 5%iger Weißweinessig

Grundrezept für süßen Senf

In Bayern gibt es vermutlich ebenso viele Varianten von süßem Senf, wie es unterschiedliche »Geschmäcker« gibt. Hier sei lediglich ein Grundrezept beschrieben, das leicht zuzubereiten ist und geschmacklich dem Originalrezept von Conrad Develey aus dem Jahre 1854 recht nahe kommt.

Zutaten:

25 g gelbe Senfkörner
25 g schwarze oder braune Senfkörner
10 g brauner Farinzucker
5 g Salz
1 Kopf einer Gewürznelke
2 Korianderkörner
1 Prise gemahlener Zimt
40 ml Wasser
30 ml 5%iger Weißweinessig
30 g Honig

Zubereitung:

Jeweils die Hälfte der Senfkörner fein mahlen und die andere Hälfte grob schroten oder in einem Mörser zerstoßen. Die Gewürze ebenso fein mahlen und dann alle trockenen Zutaten gut mischen. Das Wasser zum Kochen bringen, direkt über die Mischung geben und sofort den Honig hinzufügen. Die Masse verrühren, abkühlen lassen, in Gefäße füllen und an einem kühlen Ort aufbewahren.

Wenn Sie den Senf sofort probieren, werden Sie feststellen, dass er ziemlich scharf ist; allerdings verliert sich das nach einigen Tagen. Der süße Senf entwickelt dann sein volles Aroma und kann beispielsweise zur bayrischen Weißwurst genossen werden. Reichen Sie ihn auch zu Käse und Sie werden überrascht sein, wie viele Genießer Sie damit erfreuen können.

Grundrezept für Kräutersenf

Zubereitung:

Die Senfkörner fein mahlen, die Petersilie und den Kerbel sowie die von den Zweigen gezupften Estragonspitzen äußerst fein hacken.

Das Senfmehl, den Zucker, das Salz, die Kräuter und die Gewürze einschließlich Ingwer gut und gründlich vermischen. Wenn Sie frischen Ingwer benutzen, etwas weniger Flüssigkeit zugeben – passen Sie das je nach Konsistenz an.

Den Essig aufkochen lassen und siedend heiß unter Rühren langsam zur Kräuter-Senf-Mischung gießen. Beim Rühren darauf achten, dass die Masse nicht zu flüssig wird. Beginnen Sie also mit wenig Flüssigkeit und gießen Sie bei Bedarf lieber zwei- bis dreimal siedend heißen Essig nach. Alles kräftig verrühren, abkühlen lassen, in Gefäße füllen und lagern.

Sollte Ihnen die Farbe nicht zusagen, können Sie einen halben Teelöffel Kurkumapulver unterrühren, so wird der Senf sehr schön gelb. Nehmen Sie jedoch nicht zu viel davon, da Kurkuma einen starken Eigengeschmack hat und sonst den des feinen Kräutersenfs überdecken würde.

Dieser benötigt mindestens drei Tage, um seine Aromen zu entfalten, und ist daher auch erst dann genussfertig.

Zutaten:

75 g gelbe Senfkörner
75 g schwarze Senfkörner
60 g Zucker
1 TL Salz
1 daumengroßes Stück frischer Ingwer, fein gerieben (ersatzweise 1 TL gemahlener Ingwer)
1 Bund Petersilie
1 Bund Kerbel
3 Zweige Estragon
1 Messerspitze Nelkenpulver
100–150 ml 5%iger Weißweinessig
evtl. Kurkumapulver

Senfrezepte

Kräutersenf aus Trockenkräutern

Zutaten:

50 g gelbe Senfkörner
10 g Zucker
5 g Salz
1 kleine, fein gehackte Zwiebelscheibe (rote Zwiebeln sind am besten geeignet)
¼ Lorbeerblatt
2–3 schwarze Pfefferkörner
1 Pimentkorn
3 Korianderkörner
1 Wacholderbeere
1 Prise Cayennepfeffer
1 Prise Kurkuma
1 Messerspitze getrockneter Estragon
1 Messerspitze getrockneter Thymian
2 Rosmarinnadeln
50 ml handwarmes Wasser
30 ml 5%iger Weißweinessig

Zubereitung:

Die Senfkörner mahlen, den Zucker sowie den Cayennepfeffer und das Kurkumapulver hinzugeben. Die Gewürzkörner und -beeren sowie die getrockneten Kräuter im Mörser zerkleinern, zu der Senfmischung hinzufügen und alles gründlich vermengen.

Die Zwiebel beigeben, dann das Wasser und den Essig unter Rühren dazugießen und alles gut verrühren. Die Masse ruhen lassen, abfüllen und lagern.

Der Senf braucht mindestens eine Woche, bevor man ihn genießen kann — je mehr trockene Zutaten darin enthalten sind, desto länger muss man warten, bis sich sein Geschmack in vollem Umfang entwickelt.

Kräutersenf nach Schweizer Art

Zubereitung:

Die Herstellung dieses Senfs bedarf einer längeren Vorbereitung.

Zunächst die Zwiebel schälen und achteln, den Knoblauch schälen und in kleine Scheiben schneiden, die frischen Kräuter fein hacken; alles zusammen mit dem Lorbeerblatt in einer Schüssel gut mischen (keine Metallschüssel verwenden, da diese den Geschmack negativ beeinflussen würde) und mit dem Weißweinessig übergießen.

Alles mindestens vier Tage lang zugedeckt an einem warmen Ort stehen lassen. Dann durch ein Küchentuch seihen und den Sud auffangen. Das Wasser mit dem Zucker aufkochen und so lange köcheln lassen, bis der Zucker aufgelöst ist; dann zum Kräuteressig geben. Alles abkühlen lassen.

Das Senfpulver mit der Flüssigkeit zu einem Brei verrühren, dann die Senfkörner und die Gewürze zugeben. Nochmals fünf Minuten rühren.

Am besten füllen Sie diesen Senf in Schraubdeckelgläser und lagern ihn vor Gebrauch ca. einen Monat lang. Diese Zubereitung ist eine typische Winterarbeit.

Zutaten:

125 g schwarze Senfkörner
250 g gelbes Senfpulver
30 g Zucker
1 kleine Zwiebel
2 Knoblauchzehen
1 Bund Estragon, ersatzweise 1 EL getrockneter
2 Bund Thymian, ersatzweise 2 EL getrockneter
2 Bund Salbei, ersatzweise 2 EL getrockneter
2 Bund Majoran, ersatzweise 2 EL getrockneter
1 Lorbeerblatt
½ TL gemahlener Koriander
½ TL gemahlener Zimt
½ TL gemahlene Nelken
300 ml Wasser
500 ml 5%iger Weißweinessig

Deutscher Senf

Zutaten:

200 g Sarepta-Senfmehl
70 g Zucker
25 g Salz
5 g Zimt
10 g Nelkenpulver
300 ml 5%iger Weißweinessig

Zubereitung:

Die trockenen Zutaten vermischen und den Essig unter ständigem Rühren hinzufügen; die Masse gut verrühren, in entsprechende Gefäße abfüllen und lagern.

Dieses Rezept ergibt eine etwas größere Menge eines relativ milden Senfs, der als Grundlage für viele Variationen dienen kann.

Er sollte erst nach eine Woche probiert werden.

Düsseldorfer Senf

Zutaten:

240 g entöltes gelbes Senfmehl
80 g entöltes braunes Senfmehl
320 g Zucker
3 g Nelkenpulver
5 g Zimtpulver
250 ml kochendes Wasser
500 ml 5%iger Weißweinessig
500 ml milder Weißwein

Zubereitung:

Alle trockenen Zutaten vermischen, das Wasser, den Essig und den Wein zugeben und die entstehende Masse gut verrühren. Abkühlen lassen, in Gefäße füllen und kühl lagern.

Es empfiehlt sich, eine Woche zu warten, bis man den Senf kostet.

Frankfurter Senf

Zubereitung:

Die trockenen Zutaten gut miteinander vermischen, dann unter ständigem Rühren Wein und Essig hinzufügen. Alles verrühren, ruhen lassen, in Gefäße füllen und lagern.

Man sollte diesen Senf frühestens nach einer Woche probieren.

Zutaten:

100 g gelbes Senfmehl
100 g schwarzes Senfmehl
50 g Zucker
10 g Pimentpulver
6 g gemahlene Nelken
ca. 130 ml 5%iger Weißweinessig
ca. 250 ml herzhafter Landwein

Französischer Senf

Zubereitung:

Das Senfmehl, die Zitronenschale, das Nelken-, das Ingwerpulver und den Vanilleextrakt mischen.

Den Wein erwärmen und den Zucker darin auflösen, dann langsam und unter Rühren zu der Senfmischung geben und alles quellen lassen. Sollte die Masse zu zäh sein, mit etwas Weißweinessig glattrühren. In Gefäße füllen und lagern.

Der Senf ist nach ca. drei Tagen gebrauchsfertig.

Zutaten:

250 g gelbes Senfmehl
60 g Zucker
1 g geriebene Zitronenschale
1 g Nelkenpulver
1 Prise Ingwerpulver
1 Messerspitze Vanilleextrakt
300 ml milder Weißwein
evtl. 5%iger Weißweinessig

Kapernsenf

Zutaten:

50 g gelbe Senfkörner
10 g Zucker
5 g Salz
1 kleiner Zweig frische Zitronenmelisse
1 kleiner Zweig frischer Liebstöckel
1 kleiner Zweig Estragon
1 Prise getrocknete Dillspitzen
1 TL Kapern
1 TL fein gehackte Zwiebel
1 Prise gemahlene Muskatnuss
1 Prise Curry
30 ml 5%iger Weißweinessig
40 ml heißes Wasser

Zubereitung:

Die Senfkörner mahlen, die frischen Kräuter und die Kapern im Mörser fein zerstoßen. Alle Zutaten gut vermischen, die Masse kräftig durchrühren, ruhen lassen und abfüllen.

Der Kapernsenf entfaltet sein köstliches Aroma nach drei Tagen.

Honigsenf

Zutaten:

60 g Senfmehl
5 g Salz
40 g cremiger Honig
1 TL Sonnenblumenöl
10 ml Obstessig
evtl. 50 ml heißer Apfelsaft

Zubereitung:

Das Senfmehl mit dem Honig, dem Öl und den anderen Zutaten verrühren. Sollte der Senf zu klebrig sein, mit dem heißen Apfelsaft glattrühren. Abkühlen lassen und abfüllen.

Nach ca. vier Tagen ist der Senf gebrauchsfertig.

Sherrysenf

Zubereitung:

Die Senfkörner in ca. 50 ml Sherry und dem Essig mindestens zwölf Stunden lang ziehen lassen. Dann den Knoblauch schälen, zusammen mit der Senfsaat, dem Zucker und dem Salz mit dem restliche Sherry pürieren. Kräftig rühren und dabei darauf achten, dass die Masse nicht zu fest wird. Den Senf kurz ruhen lassen und abfüllen.

Schon nach ca. drei Tagen kann er genossen werden.

Zutaten:

50 g gelbe Senfkörner
10 g schwarze Senfkörner
1 EL brauner Zucker
½ TL jodiertes Speisesalz
1 Knoblauchzehe
50 ml Sherryessig
70 ml trockener Sherry

Sahnesenf

Zubereitung:

Alle Zutaten in der Sahne erhitzen, unter ständigem Rühren, bis die Masse fester wird. Wenn sie zu dick wird, noch Sahne nachgießen.

Der Senf ist bereits nach nur zwölf Stunden gebrauchsfertig und kann gekostet werden. Im Kühlschrank ist er ca. zwei Monate lang haltbar.

Zutaten:

50 g weißes Senfmehl
25 g Zucker
1 Prise Salz
1 TL Kartoffelmehl
90 ml süße Sahne

Knoblauchsenf

Zutaten:

50 g gelbe Senfkörner
10 g Zucker
5 g Salz
½ TL fein gehackte Zwiebel
2 große Knoblauchzehen
2 Pimentkörner
2 Korianderkörner
1 Prise Cayennepfeffer
40 ml warmes Wasser
30 ml 5%iger Weißweinessig

Zubereitung:

Die Senfkörner mahlen, den Knoblauch pressen, die Gewürzkörner im Mörser fein zerstoßen und alle Zutaten, wie unter »Arbeitsschritte« beschrieben, vermischen, gut verrühren, ruhen lassen, in Gefäße füllen und kühl lagern.

Der Senf kann nach drei Tagen probiert werden.

Senf mit frischem grünem Pfeffer

Zutaten:

45 g gelbe Senfkörner
5 g schwarze Senfkörner
10 g Zucker
5 g Salz
1 TL frischer grüner Pfeffer
2 Pimentkörner
½ Lorbeerblatt
½ TL getrockneter Estragon
40 ml handwarmes Wasser
30 ml 5%iger Weißweinessig

Zubereitung:

Die Senfkörner zusammen mit dem Piment mahlen, die getrockneten Kräuter im Mörser zerstoßen und alle trockenen Zutaten vermischen; die Pfefferkörner ebenfalls im Mörser zerdrücken und hinzufügen. Dann das Wasser und den Weißweinessig unter Rühren zugeben, alles kräftig durchrühren, ruhen lassen und dann abfüllen.

Der Pfeffersenf ist nach ca. fünf Tagen genussfertig.

Senf Diabolo – Chilisenf

Zubereitung:

Die Kerne aus der scharfen Schote herauslösen und zusammen mit den Senfkörner fein mahlen. Die getrocknete Schote ebenfalls fein im Mörser zerreiben. Alle trockenen Zutaten vermischen, das Wasser und den Weißweinessig in feinem Strahl hinzufügen und die Masse gut verrühren. Ruhen lassen, abfüllen und lagern.

Den Chilisenf kann man nach ein bis zwei Tagen probieren. Dabei ist jedoch Vorsicht geboten, da er durch die Chilis sehr scharf wird. Empfehlenswert ist daher ein vorsichtiger Umgang mit Scharfmachern, da sonst die Schleimhäute extrem verätzt werden können.

Dieser Senf lebt aber natürlich auch von seiner extremen Schärfe. Die Chilis können dabei je nach Geschmack durch andere ersetzt werden, etwa durch frische, getrocknete oder sogar eingelegte scharfe Peperoni; man kann dem Senf auch mit Tabasco, Sambal Oelek oder der thailändischen Sriracha-Sauce die gewünschte Schärfe verleihen – der Fantasie sind hier keine Grenzen gesetzt. Nur der Geschmack entscheidet und die Tränen, die beim Probieren fließen.

Zutaten:

50 g gelbe Senfkörner
10 g Zucker
5 g Salz
1 frische Peperoni-, Chili- oder ähnliche scharfe Schote, wahlweise auch getrocknet
½ TL Paprikapulver, edelsüß
40 ml kaltes Wasser
30 ml 5%iger Weißweinessig

Meerrettichsenf

Zutaten:

200 g gelbe Senfkörner
30 g Zucker
5 g Salz
1 kleine Meerrettich-wurzel oder weniger
1 kleiner saurer Apfel
1 EL Zitronensaft
200 ml Wasser
200 ml Kräuteressig

Zubereitung:

Die Senfkörner mahlen. Die Meerrettichwurzel und den Apfel schälen und fein reiben. Den Essig und das Wasser aufkochen, dann auf Handwärme abkühlen lassen. Das Senfmehl einrühren, dann die restlichen Zutaten hinzufügen. Gut verrühren, abfüllen und ganz abkühlen lassen.

Dies ist aufgrund der Beigabe von Meerrettich ebenfalls ein sehr scharfer Senf. Er ist nach ca. fünf bis sechs Tagen genussfertig.

Dillsenf

Zutaten:

50 g gelbe Senfkörner
10 g Zucker
5 g Salz
1 TL Zwiebel
3 schwarze Pfefferkörner
1 Prise Cayennepfeffer
1 TL getrocknete Dillspitzen
40 ml handwarmes Wasser
30 ml 5%iger Weinessig

Zubereitung:

Die Senf- und Pfefferkörner zusammen mahlen, die Zwiebel fein hacken und alles zusammen mit den Gewürzen vermischen. Wasser und Weißweinessig zugeben und die Masse kräftig durchrühren. Den Senf kurz ruhen lassen, in Gefäße füllen und kühl aufbewahren.

Nach vier bis fünf Tagen ist er gebrauchsfertig.

Wenn Sie diesen Senf mit frischem Dill zubereiten möchten, genügt ein Bund dieses Krauts. Hacken Sie es ganz fein, mischen Sie es in kleinen Portionen vorsichtig unter und probieren Sie den Senf dabei häufig, ob er noch angenehm schmeckt, da frischer Dill dazu neigt, bitter zu werden.

Bärlauchsenf

Zubereitung:

Die Senfkörner mindestens zwei Stunden vor der Verwendung tiefkühlen und dann sehr fein mahlen. Den Bärlauch ganz fein hacken, anschließend mit dem Ingwer, dem Zucker, dem Salz und dem Senfmehl gründlich vermischen. Einige Minuten ruhen lassen. Inzwischen den Essig mit dem Wein aufkochen lassen und die siedende Flüssigkeit unter Rühren zur Senfmischung geben.

Alles gut vermengen, dann abkühlen lassen und in Gefäße füllen. Nach zwei Wochen ist der Senf servierbar.

Da er besonders mild ist, kann man im Anschluss an die Fertiqstellunq dieses Rezepts noch etwas Pfiff zufügen – etwa durch Zugabe von einem EL Feigenpüree oder einem TL Chilipulver –, ganz nach Geschmack.

Zutaten:

250 g gelbe Senfkörner
50 g schwarze Senfkörner
125 g Zucker
1 TL Salz
2 TL gemahlener Ingwer
4 Bund Bärlauch
300 ml 5%iger Weißweinessig
200 ml Weißwein, mit wenig Säure

Nelkensenf

Zubereitung:

Die Senf- zusammen mit den Pimentkörnern und den Nelken mahlen. Salz und Zucker, dann den Essig zugeben und alles kräftig durchrühren. Die Masse ruhen lassen, in Gefäße füllen und lagern.

Man sollte den Nelkensenf mindestens fünf Tage ziehen lassen, bevor man ihn probiert.

Zutaten:

40 g gelbe Senfkörner
10 g schwarze Senfkörner
20 g Zucker
5 g Salz
3 Pimentkörner
4 Gewürznelken
70 ml 5%iger Weißweinessig

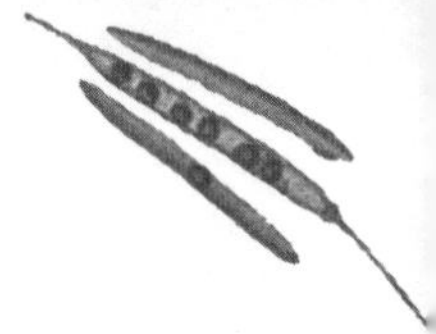

Orangen-Pfeffer-Senf

Zutaten:

200 g gelbes Senfmehl
1 TL Salz
2 EL getrocknete grüne Pfefferkörner
1 EL abgeriebene Orangenschale
5 EL Orangenkonfitüre
1 TL Zitronensaft
100 ml Wasser
200 ml Kräuteressig
4 EL Sonnenblumenöl
3 EL Cognac

Zubereitung:

Die Pfefferkörner im Mörser fein zerstoßen, dann alle Zutaten außer dem Cognac und dem Sonnenblumenöl gut durchmischen und ca. zwölf Stunden offen stehen lassen. Am nächsten Tag Öl und Cognac zugeben, nochmals vermengen und abfüllen.

Der Senf kann nach etwa vier Tagen vorsichtig probiert werden.

Apfel-Pfeffer-Senf

Zutaten:

100 g gelbe Senfkörner
20 g schwarze Senfkörner
20 g Zucker
3 g Salz
5 g grüner Pfeffer
ein säuerlicher Apfel (ca. 100 g)
3 Blätter Salbei
120 ml Apfelessig
120 ml Apfelwein

Zubereitung:

Die Senfkörner mahlen, mit dem Apfelessig und ¼ des Apfelweins verrühren und ca. zwei Stunden lang ruhen lassen. Den Apfel schälen, ohne Kerngehäuse in kleine Stücke schneiden und mit den Pfefferkörnern und dem Zucker in dem restlichen Apfelwein im geschlossenen Topf weich dünsten.

Anschließend alles zusammen pürieren, dann die Masse kurz erhitzen, aber nicht kochen lassen. Den Salbei waschen, abtupfen und fein hacken, unter die Masse geben und kräftig rühren. Den Senf abfüllen und kühl stellen.

Nach etwa fünf Tagen ist er zum Verzehr geeignet.

Paprikasenf

Zubereitung:

Den Essig mit dem Wasser aufkochen lassen, den Honig einrühren, dann die restlichen Zutaten unter Rühren hinzufügen und weiter rühren, bis eine homogene Masse entsteht. Abfüllen und kühl stellen.

Der Paprikasenf ist nach ca. drei Tagen gebrauchsfertig.

Zutaten:

200 g weißes Senfmehl
2 EL Paprikapulver, edelsüß
6 EL Honig
3 EL Sherry
3 EL Sonnenblumenöl
200 ml Wasser
200 ml Kräuteressig

Mostarda di pomodori – Tomatensenf

Zubereitung:

Die Senf- und Pimentkörner mahlen. Den Oregano kalt waschen, trocken tupfen und ebenso wie die Schalotte und den Knoblauch sehr fein hacken. Die Tomaten blanchieren, enthäuten und entkernen, dann das Tomatenfruchtfleisch ebenfalls fein hacken. Im heißen Öl die Schalotte und den Knoblauch glasig werden lassen, dann die Tomaten und den Oregano hinzugeben und alles weich dünsten.

Das Senfmehl mit dem Essig verrühren und unter ständigem Rühren zu der gedünsteten Masse geben. Alles gut durchrühren, ruhen lassen und abfüllen.

Der Tomatensenf ist nach ca. vier Tagen zum Probieren geeignet.

Zutaten:

50 g gelbe Senfkörner
5 g schwarze Senfkörner
2 reife Tomaten
1 kleine Schalotte
1 Knoblauchzehe
2 kleine Zweige frischer Oregano
1 Prise Salz
4 Pimentkörner
1 EL Olivenöl
70 ml 5%iger Weißweinessig

Mangosenf

Zutaten:

100 g weiße Senfkörner
1 TL Zucker
Saft von ½ Zitrone
3 EL Mango-Chutney
1 TL Currypulver
½ TL Ingwerpulver
½ TL Paprikapulver, edelsüß
½ TL Paprikapulver, rosenscharf
½ TL Cayennepfeffer
1 TL Kokosraspel
200 ml Apfelessig, ersatzweise Obstessig

Zubereitung:

Die groben Stücke im Chutney fein zerhacken, dann alle Zutaten mischen und so lange verrühren, bis eine homogene Masse entsteht.

Nach vier Tagen sollte der Senf gebrauchsfertig sein.

Thymian-Aprikosen-Senf

Zutaten:

50 g gelbe Senfkörner
3 Zweige frischer Thymian
4 getrocknete Aprikosen
2 g abgeriebene Zitronenschale
3 g Salz
3 g Kurkuma
70 ml 5%iger Weißweinessig
30 ml milder Weißwein

Zubereitung:

Die Senfkörner mahlen, mit 50 ml Essig verrühren und quellen lassen. Die Aprikosen sehr fein hacken und mit dem Wein in einer Schüssel etwa zwei Stunden ziehen lassen.

Dann alles zusammen pürieren, die restlichen Zutaten dazugeben, bis auf den Thymian; dessen Blättchen klein rupfen und unter die Masse rühren. Diese in Gefäße abfüllen und kühl stellen.

Der Senf ist nach einer Woche genussfertig.

Fenchel-Orangen-Senf

Zutaten:

50 g gelbe Senfkörner
1 unbehandelte Orange
3 TL flüssiger Blütenhonig
3 g grüner Pfeffer
3 g Fenchelsamen
30 ml 5%iger Weinessig

Zubereitung:

Die Senfkörner mahlen. Die Orangenschalen mit dem Zestenreißer abreißen und in kochendem Wasser ziehen lassen, dann herausnehmen und abtropfen lassen. Den Orangensaft auspressen und erhitzen. Den Pfeffer und die Fenchelsamen im heißen Orangensaft ziehen lassen. Die gemahlenen Senfkörner einrühren, die Orangenschalen, den Honig und den Essig hinzugeben. Alles gut verrühren, dann abfüllen und kühl stellen.

Nach vier Tagen hat der Senf sein Aroma entfaltet.

Moutarde à la lavande, Lavendelsenf

Zutaten:

50 g gelbe Senfkörner
12 Stengel frischer Lavendel
1 Prise Salz
2 g Fenchelsamen
5 g schwarze Pfefferkörner
1 EL flüssiger Blütenhonig
70 ml 5%iger Weißweinessig
2 EL Weißwein

Zubereitung:

Die Senfsaat zusammen mit dem Pfeffer und dem Fenchel mahlen. Das Pulver dann mit dem Essig verrühren, mit Honig und Salz abschmecken. Den Wein zugeben; den Lavendel fein hacken, unterrühren und die Masse abfüllen.

Nach vier bis acht Tagen kann der Senf probiert werden.

Wir sehen beim Betrachten der verschiedenen Rezepte, dass man Senf mit Kräutern, Gewürzen, sogar Gemüsen, wie etwa Paprika oder Tomaten, und besonders schmackhaft auch mit Früchten als Aromastoffen verfeinern kann. Man denke bei letzterer Variante auch etwa an Dijonsenf mit schwarzen Johannisbeeren, an Senfsorten mit Mango, Feigen, Himbeeren, Brombeeren, Rhabarber etc. Es gibt ganz wenige Früchte, die mit dem Geschmack von Senf nicht harmonieren. Und natürlich kann man für Senf-Frucht-Kombinationen auch grobe Senfsorten verwenden.

Als krönenden Abschluss möchte ich Ihnen nun noch ein wirklich exzellentes Rezept für einen Früchtesenf vorstellen:

Moutarde aux figues à la parisienne – Feigensenf nach Pariser Art

Zutaten:

50 g gelbe Senfkörner
50 g schwarze Senfkörner
1–2 frische reife Feigen
5 g Salz
1 TL grüne Pfefferkörner
1 EL Honig
100 ml Orangensaft
2 cl Cognac
60 ml Weißweinessig
evtl. etwas Wasser

Zubereitung:

Die Hälfte der Senfkörner sehr fein mahlen, die andere Hälfte grob im Mörser zerstoßen. Die Pfefferkörner ebenfalls mörsern, aber etwas feiner. Das Fruchtfleisch der Feigen ausdrücken und durch ein grobes Sieb streichen.

Den Orangensaft erhitzen, den Essig hinzufügen und den Cognac sowie die Feigenmasse zugeben, leicht köcheln lassen und alles um ca. 1/3 reduzieren. Nun den Honig und dann die gemahlenen Senf- und Pfefferkörner nach und nach in die erkaltende Flüssigkeit einarbeiten. Alles gut durchrühren und dabei auf die Konsistenz des Senfs achten. Diesen abfüllen und kühl stellen.

Nach ca. einer Woche hat er seinen unvergleichlichen Geschmack entfaltet.

Das Spiel der tausend Möglichkeiten

Man könnte das Spektrum stetig erweitern und mit jedem Gewürz, jedem Küchenkraut, den verschiedensten Früchten und Gemüsesorten in vielfältigen Kombinationen unglaubliche Variationen von ganz speziellen Senfen kreieren und entsprechende Rezepte niederschreiben. Aber dies kann nicht Ziel dieses Buches sein. Die hier vorgestellten Rezepte erheben natürlich nicht den Anspruch auf Vollständigkeit, sie sollen lediglich der Anregung der eigenen Fantasie dienen und Sie dazu ermutigen, eigene Varianten ganz nach Ihrem Geschmack zu entwickeln.

Zugegeben: Man könnte es sich einfacher machen und einen fertigen Senf in einem gut sortierten Supermarkt oder Feinkostladen kaufen. Dann fehlt jedoch der Reiz des Ausprobierens und eigenen Erschaffens. Der wahre Liebhaber guter Dinge wird sich immer für selbst hergestellte Produkte entscheiden. Nicht nur, dass der selbstgemachte Senf von besonderem Geschmack ist und man seine Inhaltsstoffe genau kennt; er kann dem Gourmet auch als besonders hochwertige Grundlage für viele köstliche Saucen, Dips und Dressings dienen. Es ist schon erstaunlich, in wie vielen guten Saucen und Gerichten Senf als Geschmacksträger Verwendung finden kann. Schauen wir uns daher nun eine Auswahl davon an.

Kochen mit Senf

Senf gehört schon sehr lange zur Kulturgeschichte des Essens. Es gibt kaum einen kulinarischen Bereich, in dem dieser Alleskönner nicht vertreten ist, sei es in Vorspeisen, Salatsaucen, Suppen, Fisch-, Fleisch- oder Geflügelgerichten, selbst bei Süßspeisen gibt es diverse Einsatzmöglichkeiten. Hier seien nun einige besonders schmackhafte Rezepte vorgestellt.

Saucen, Dips, Cremes und Chutneys mit Senf

Warme Senfsaucen

Klassische Senfsauce

Zutaten:

40 g Butter
40 g Mehl
125 ml Milch
250 ml Brühe (evtl. Instantbrühe)
2 EL grober Senf (Rôtisseur)
1 TL Zitronensaft
1 Prise Salz
1 Prise Zucker

Zubereitung:

Die Butter in einem kleinen Topf erhitzen, das Mehl unter ständigem Rühren einstreuen, darin anschwitzen, mit der Milch und dann mit der Brühe ablöschen. Nun den Senf einrühren, die Sauce ein wenig köcheln lassen und schließlich pikant mit Zitronensaft, Salz und Zucker abschmecken.

Rote Früchte-Senf-Sauce

Zutaten:

100 ml Rotwein
2 EL Dijonsenf
2 EL Holundergelee oder Gelee aus anderen roten Beeren
4 Ananasscheiben (aus der Dose)
250 g rote Tiefkühlbeeren, z. B. Brombeeren, Himbeeren, Johannisbeeren etc.
2 EL Orangeatwürfel
frisch gemahlener schwarzer Pfeffer

Zubereitung:

Den Rotwein mit dem Gelee aufkochen und dann bei schwacher Hitze zehn Minuten köcheln lassen. Die Ananasscheiben klein würfeln und mit den aufgetauten Beeren und den Orangeatwürfeln in die Sauce geben, diese noch ein bis zwei Minuten köcheln lassen, dann den Senf einrühren und mit Pfeffer abschmecken.

Man kann die Sauce dann durchseihen oder sie als eine Art Relish mit den Fruchtstücken servieren, je nach Geschmack.
Sie passt wunderbar zu Wildgerichten und Rindfleisch.

Sauce dijonnaise – Dijoner Sauce

Zutaten:

50 g Butter
40 g Mehl
½ l Fischfond
1 EL Butter
1 EL Weißweinessig
2 EL Kräutersenf
2 EL Sahne

Zubereitung:

Aus dem Mehl und der Butter eine ganz helle Mehlschwitze bereiten, den Fischfond unter ständigem Rühren mit einem Schneebesen dazugießen und rühren, bis die Sauce cremig ist. Die Butter, den Weinessig, den Senf mit der Sahne vermischen und ebenfalls zur Sauce geben. Diese mit dem Schneebesen kräftig durchschlagen, kurz aufkochen und dann ca. zehn Minuten köcheln lassen. In einer vorgewärmten Sauciere servieren.

Sauce béarnaise à la moutarde – Bearner Senfsauce

Zutaten:

1 EL Dijonsenf
1 EL Rôtisseursenf
2 Schalotten
2 Estragonblätter
einige Zweige Kerbel
6 EL Weißwein
2 EL Weißweinessig
5 Pfefferkörner
200 g Butter
2 Eidotter
Salz

Zubereitung:

Die Schalotten schälen und klein würfeln, den Estragon und den Kerbel fein hacken.

Alles zusammen mit dem Wein und dem Essig in einem Topf erhitzen, die Pfefferkörner und das Salz dazugeben und die Sauce reduzieren lassen, bis nur noch zwei Esslöffel Flüssigkeit vorhanden sind.

Die Butter in einem anderen Topf aufschäumen lassen, in ein Gefäß geben und kurze Zeit stehen lassen, bis sich die Molke abgesetzt hat.

Die Eidotter mit der zuvor reduzierten Sauce in eine Rührschüssel geben und mit dem Schneebesen im Wasserbad schaumig schlagen. Dann tröpfchenweise die flüssige Butter hinzufügen und weiterschlagen. Nun die gehackten Kräuter und den Senf unterheben. Die Sauce in einer vorgewärmten Sauciere servieren.

Dies ist ein Klassiker mit besonderem Geschmack: eine Sauce béarnaise à la moutarde.

Sie wird zu vielerlei Fleischgerichten gereicht und kann natürlich auch zu Fisch und Gemüse genossen werden.

Dunkle Senfsauce

Zubereitung:

Die Schalotte schälen und fein hacken. Die Butter in einem kleinen Topf bei geringer Hitze zerlassen, die Schalotte hinzugeben und sie weich und glasig dünsten, ohne zu bräunen.

Den Wein unter Rühren dazugießen, die Rindfleischbrühe einrühren und alles aufkochen lassen. Die Temperatur verringern und die Sauce ohne Deckel köcheln lassen, bis die Flüssigkeit zur Hälfte reduziert ist. Nun die Crème double einrühren und alles durch ein feines Sieb streichen. Den Senf hinzugeben und mit dem Schneebesen kräftig rühren. Die Sauce mit Salz und Pfeffer abschmecken und sofort servieren.

Zutaten:

20 g Butter
1½ EL scharfer Senf
50 ml Crème double
1 große Schalotte
100 ml Weißwein
300 ml dunkle Rindfleischbrühe
Salz
Pfeffer

Süße Senfsauce

Zubereitung:

Die Zwiebel schälen, klein würfeln und in der Fleischbrühe einige Minuten kochen. In der Zwischenzeit den Pfeffer, die saure Sahne, die Speisestärke, den süßen Senf, die Worcestersauce und den Zitronensaft gut miteinander vermischen. Diese Masse dann in die Fleischbrühe geben, umrühren und kurz aufkochen lassen. Dann die Sauce mit Salz und evtl. weiterem Pfeffer abschmecken und heiß servieren.

Sie passt zu Eiern und Fisch.

Zutaten:

1 große Zwiebel
250 ml Fleischbrühe
½ TL schwarzer Pfeffer
125 ml saure Sahne
2 TL Speisestärke
2 EL süßer Senf
1 TL Worcestersauce
Saft von ½ Zitrone
Salz

Pikante Senfsauce

Zutaten:

1 Zwiebel
1 Gewürzgurke
1 EL Butter
3 TL Instant-Bratensauce
125 ml Rotwein
125 ml Wasser
3 EL süßer Senf

Zubereitung:

Die Zwiebel schälen, ebenso wie die Gurke in feine Würfel schneiden und in der Butter ca. drei Minuten lang dünsten. Den Rotwein zugießen und aufkochen lassen. Die Bratensauce im erhitzten Wasser anrühren und zum Rotwein geben, alles erneut kurz aufkochen lassen, dann den Senf einrühren und die Sauce warm servieren.

Sie passt zu dunklem, gegrilltem Fleisch.

Möhren-Senfsauce

Zutaten:

250 g Schalotten
150 g kleine Möhren
1 EL Butterschmalz
400 ml Gemüsebrühe
2 EL grobkörniger, scharfer Senf
1 kleiner Zweig Rosmarin
150 ml Rotweinfond
Saucenbinder für dunkle Saucen
Salz
Pfeffer
Zucker

Zubereitung:

Die Schalotten schälen und in Spalten schneiden, die Möhren putzen und der Länge nach halbieren. Das Butterschmalz erhitzen und die Schalotten darin andünsten, nach fünf Minuten die Möhren dazugeben und mit Salz, Pfeffer und Zucker bestreuen. Das Ganze mit der Gemüsebrühe ablöschen, aufkochen lassen und den Senf unter Rühren hinzufügen. Den gewaschenen Rosmarinzweig ganz einlegen, für ein paar Minuten mitziehen lassen und dann wieder entfernen.

Den kalten Fond mit Saucenbinder anrühren und nach und nach unter Rühren zur Sauce geben, bis diese die gewünschte Konsistenz hat.

Sie passt zu Kalbshaxe und anderen Kalbfleischgerichten.

Sauce à la moutarde à l'alsacienne – Senfsauce nach Elsässer Art

Zutaten:

2 rote Zwiebeln
200 g Lauch
200 ml Rinderfond
150 ml Sauerkrautsaft
2 Gewürznelken
1 Lorbeerblatt
4 EL trockener Sherry
½ Bund Estragon
50 ml Geflügelfond
Saucenbinder für helle Saucen
Salz
Pfeffer
Paprikapulver, edelsüß
3 EL grober Senf (Rôtisseur)
2 cl Pastis

Zubereitung:

Die Zwiebeln schälen, den Lauch waschen und putzen. Beides in feine Ringe schneiden.

Den Rinderfond mit dem Sauerkrautsaft, den Gewürznelken und dem Lorbeerblatt in einem Topf erhitzen und ca. 15 Minuten reduzieren lassen, dann die Zwiebeln und den Lauch zugeben und weitere zehn Minuten ziehen lassen, anschließend den Sherry unterrühren. Den Estragon waschen und trockentupfen, die Blättchen abzupfen und in die Sauce rühren. Diese durchsieben, dann nochmals erhitzen. Alles kurz aufkochen lassen. Währenddessen den Saucenbinder in den kalten Geflügelfond einrühren, zur Sauce geben und diese köcheln lassen, bis sie sämig wird. Dann den Senf einrühren und alles mit Salz, Pfeffer, Paprikapulver und Pastis abschmecken.

Diese Sauce verfeinert Roastbeef und gegrilltes Fleisch.

Senf-Wein-Sauce

Zutaten:

2 Zwiebeln
2 EL Öl
1 Prise Salz
1 Prise Pfeffer
150 ml Weißwein
1 TL Zitronensaft
5 EL mittelscharfer Senf
3 EL kalte Butter, in Flocken

Zubereitung:

Die Zwiebeln schälen, fein hacken und im Öl mit Salz und Pfeffer anbraten, ohne dass sie Farbe annehmen. Mit Weißwein ablöschen, den Sud ohne Deckel stark einkochen lassen, dann den Zitronensaft und den Senf einrühren. Den Topf vom Herd nehmen und mit dem Schneebesen die kalte Butter in die Sauce schlagen. Diese eignet sich besonders zu Fisch, Rindfleisch und Eiern.

Kalte Dips, Cremes und Saucen

Apfel-Senf-Sauce

Zutaten:

1 kleine Zwiebel
2 säuerliche Äpfel
3 EL scharfer Senf
125 ml süße Sahne
Salz
Zucker

Zubereitung:

Die Zwiebel schälen und ganz fein hacken; die geschälten Äpfel mit einer Kartoffelreibe ebenfalls ganz fein reiben. Alles mit dem Senf und der Sahne gut verrühren und mit Salz und Zucker abschmecken.

Diese kalte Sauce passt wunderbar zu Wurst, Fleisch und Grillgerichten und eignet sich auch hervorragend als Dip.

Man kann sie auch noch abwandeln: Reibt man nach Gusto Meerrettich hinein, verstärkt das den pikanten Geschmack; gibt man einen Teelöffel Preiselbeeren hinzu, wird die fruchtige Note betont.

Senf-Preiselbeer-Dip

Zubereitung:

Einfach zu gleichen Teilen Meerrettich- oder anderen scharfen Senf mit Preiselbeerkompott oder -marmelade mischen. Es entsteht ein herrlicher Dip, der gut zu Chips oder Tortillas passt, aber auch zu Grillfleisch oder zum Wurstbrot gereicht werden kann.

Zutaten:

Scharfer Senf,
z. B. Meerrettichsenf
Preiselbeerkompott
oder -marmelade

Grobe Senfcreme

Zubereitung:

Die Sahne, den Senf und das Chutney in einer Schüssel mit dem Schneebesen kräftig schlagen und dann tröpfchenweise das Öl zugeben, bis eine homogene Masse entsteht.

Diese Creme kann kalt und oder warm genossen werden und passt ebenfalls sehr gut zu Grillfleisch, Hamburgern uvm.

Zutaten:

125 ml saure Sahne
1 EL grober, scharfer Senf (Rôtisseur)
1 EL Mangochutney
125 ml Olivenöl

Senfcreme mit Frischkäse

Zubereitung:

Alle Zutaten in einer Schüssel mit dem Schneebesen kräftig verquirlen. Diese Creme harmoniert ebenfalls ausgezeichnet mit Grillfleisch.

Zutaten:

125 g Doppelrahm-frischkäse
2 EL Magerquark
2 EL Senf mit grünem Pfeffer
4 EL mittelscharfer Senf
4 EL grobkörniger, scharfer Senf

Meerrettich-Senfcreme als Brotaufstrich (mit Forellenkaviar)

Zutaten:

140 ml Gemüsebrühe
7 EL Haferflocken
3 kleine säuerliche Äpfel
½ Bund Majoran
2 TL Ahornsirup
2 TL Zitronensaft
5 TL Meerrettich
2 EL mittelscharfer Senf
2 EL weißer Balsamessig
Salz
frisch gemahlener schwarzer Pfeffer
(12 kleine Brötchen)
(50 g Forellenkaviar aus dem Glas)

Zubereitung:

Die Brühe aufkochen lassen und von der Kochstelle nehmen, die Haferflocken sofort hineinrühren und einige Zeit quellen lassen.

Die Äpfel schälen, entkernen und das Fruchtfleisch in kleine Stücke schneiden. Den Majoran waschen, trocken tupfen, die Blättchen abzupfen und einige davon für die Dekoration beiseitestellen.

Die Apfelstücke mit dem Ahornsirup, dem Zitronensaft und den Majoranblättchen gut durchpürieren. Die Haferflocken, den Meerrettich, den Senf und den Essig daruntermischen. Alles mit Salz und Pfeffer abschmecken.

Diese Meerrettich-Senfcreme stellt das Highlight einer sehr schmackhaften Vorspeise dar, die auch als Partyhappen bestens geeignet ist: Streichen Sie die Creme auf Brötchen (die Menge ist ausreichend für 12 Stück), geben Sie Forellenkaviar darauf und verzieren Sie das Ganze mit einigen Majoranblättchen, fertig.

Die Creme schmeckt aber auch ausgezeichnet zu Pellkartoffeln.

Senfsauce aus dreierlei Senfsorten

Zutaten:

125 ml süße Sahne
2 TL scharfer Senf
2 TL süßer Senf
2 TL grober Senf
½ TL abgeriebene Zitronenschale
½ TL Zucker
Salz
schwarzer Pfeffer

Zubereitung:

Die Sahne steif schlagen, den Senf nach und nach unterheben. Den Zucker und die Zitronenschale hinzufügen und die Sauce mit Salz und Pfeffer abschmecken.

Senfsauce aus dreierlei Senfsorten, speziell zu geräuchertem oder gebeiztem Fisch

Zutaten:

2 Eidotter
125 ml Sonnenblumenöl
2 EL extra scharfer Senf
4 EL süßer Senf
3 EL mittelscharfer Senf
1 TL Tabasco
frisch gemahlener weißer Pfeffer

Zubereitung:

Die Eidotter verquirlen, das Öl unter ständigem Rühren tropfenweise zufließen lassen, dann den Senf unterrühren. Alles mit Tabasco und weißem Pfeffer abschmecken. Vor dem Servieren im Kühlschrank zwei Stunden abgedeckt durchziehen lassen.

Diese Sauce passt hervorragend zu gebeiztem oder geräuchertem Fisch.

Senfsauce mit Kapern

Zutaten:

2 hartgekochte Eier
½ EL mittelscharfer Senf
½ TL Zucker
1 Prise Salz
2 EL Öl
50 ml Essig
1 EL kleine Kapern

Zubereitung:

Die hartgekochten Eier in Eiweiß und Dotter trennen, Erstere hacken und beiseitestellen, Letztere durch ein Sieb in eine Schüssel streichen und mit Senf, Zucker und Salz gründlich vermischen. Das Öl langsam in die Masse träufeln, diese mit Essig abschmecken, dann die Kapern und das gehackte Eiweiß hinzufügen.

Auch diese Sauce schmeckt köstlich zu Fisch.

Französische Sauce

Zutaten:

2 EL Senf mit grünem Pfeffer
2 Boursin-Käse à 300g
8 EL Mayonnaise
175 g Magermilchjoghurt
125 ml Sahne
1 Bund Schnittlauch
1 EL Worcestersauce
1 TL Tabasco
1 EL Sojasauce

Zubereitung:

Alle Zutaten bis auf den Schnittlauch kräftig miteinander vermischen, bis eine sämige Sauce entstanden ist. Diese nach Belieben mit Tabasco und Sojasauce abschmecken. Den Schnittlauch waschen, fein hacken und unter die Sause rühren.

Dies passt hervorragend zu Fondue, sonstigen Fleischgerichten und zu Fisch.

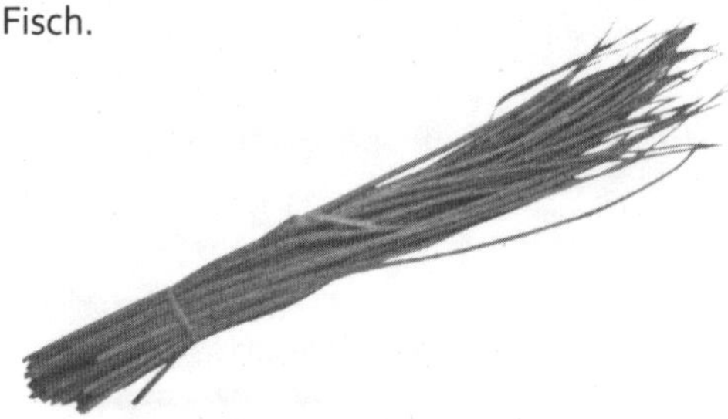

Balsamico-Senfsauce

Zutaten:

1 EL süßer Senf, grobkörnig
1 TL Dijonsenf
1 EL Zucker
2 EL weißer Balsamessig
100 ml beliebiges Speiseöl, allerdings kein Kürbiskernöl
1 Bund Dill

Zubereitung:

Den Senf, den Essig und den Zucker mit dem Schneebesen kräftig verrühren, das Öl in feinem Strahl dazugießen und mit dem Schneebesen weiter gut schlagen. Den Dill fein hacken und in die Sauce rühren.

Diese passt hervorragend zu Fisch.

Senfschaumsauce 1

Zutaten:

50 g Mayonnaise (50 % Fettgehalt)
125 ml Sahne
1 EL scharfer Senf
1 EL milder Senf
1 TL geriebener Meerrettich
2 EL fein gehackte Zwiebel
Salz
Pfeffer

Zubereitung:

Die Sahne steif schlagen. Alle anderen Zutaten zunächst miteinander verrühren, dann vorsichtig unter die Sahne heben, mit Salz und Pfeffer abschmecken und sofort servieren.

Diese Sauce ist ein idealer Begleiter für Roastbeef o. Ä.

Senfschaumsauce 2

Zutaten:

125 g Mayonnaise
100 g Magerjoghurt
100 ml Sahne
1 kleine Zwiebel
15 g geriebener Meerrettich
2 EL scharfer Senf
2 EL mittelscharfer Senf

Zubereitung:

Die Zwiebel schälen und fein hacken, die Mayonnaise mit den übrigen Zutaten außer der Sahne mit dem Schneebesen gut verrühren. Die Sahne steif schlagen und unterheben. Dann die Sauce sofort servieren.

Chili-Senfsauce

Zutaten:

4 EL Chilisenf
4 EL Knoblauchsenf
4 EL Zucker
6 EL Olivenöl
4 EL Himbeeressig
3 EL gehackter Dill
evtl. 100 ml kalte Hühnerbrühe

Zubereitung:

Alle Zutaten gut miteinander verrühren. Sollte die Sauce zu fest werden, noch etwas Brühe zugeben.

Senfcremesauce mit Kräutern

Zutaten:

1 Bund Dill
1 Bund Petersilie
1 Bund Schnittlauch
200 g Crème fraîche
1 Eigelb
1 TL Kräutersalz
1 EL Dijonsenf

Zubereitung:

Die Kräuter kalt waschen, abtropfen lassen und dann sehr fein hacken. Das Eigelb mit dem Schneebesen in die Crème fraîche einrühren, das Salz hinzufügen und unter ständigem Rühren nach und nach die Kräuter dazugeben.

Diese Sauce passt zu fast allen Fischgerichten und besonders gut auch zu gegrilltem Fleisch.

Klassische Remouladensauce

Zubereitung:

Den Eidotter in einer Rührschüssel mit dem Salz cremig rühren, dann unter ständigem Weiterrühren zuerst den Essig, danach den Senf und zuletzt tröpfchenweise das Öl zugeben – so entsteht eine mayonnaiseartige Sauce. Die Essiggurke, die gewaschenen Kräuter, die Sardellenfilets und die hartgekochten Eier fein hacken und darunterheben. Die Sauce mit Salz und Paprika abschmecken.

Servieren Sie sie zu Fisch oder Gerichten mit hellem Fleisch.

Zutaten:

2 hartgekochte Eier
3 Sardellenfilets
2 Eidotter
2 EL milder Senf
2 EL Essig
250 ml Öl
1 Essiggurke
½ Bund gemischte Kräuter, z. B. Petersilie, Dill, Kerbel, Estragon, Pimpernelle, Schnittlauch o. Ä.
Salz
Paprika, rosenscharf

Dill-Senfsauce 1

Zutaten:

100 g gekörnter Senf, Rôtisseur o. Ä.
100 g flüssiger Honig
½ Bund Dill
Evtl. Salz

Zubereitung:

Den Senf und den Honig vermischen. Den Dill waschen, abtropfen lassen, fein hacken und dazugeben. Evtl., falls gewünscht, mit Salz abschmecken.

Diese Sauce entwickelt erst nach ca. drei Stunden ihren Geschmack, sie ist also ideal für gesellige Anlässe vorzubereiten.

Dill-Senfsauce 2

Zutaten:

½ Bund frischer Dill
2 EL süßer Senf
200 ml saure Sahne
2 cl Gin
Salz
frisch gemahlener schwarzer Pfeffer

Zubereitung:

Den Dill waschen, trocken tupfen, die Spitzen abzupfen und sehr fein hacken. Den Senf mit der Sahne verquirlen und den Dill unterrühren, dann den Gin hinzufügen und alles mit Salz und Pfeffer würzen.

Diese Sauce passt sehr gut zu Spargelsalat.

Senfsauce nach englischer Art

Zutaten:

4 EL Coleman-Senfpulver
1 EL Weißweinessig
3 EL Weißwein
100 g Crème fraîche
2–3 Dillzweige
Salz
Zucker

Zubereitung:

Das Senfpulver mit dem Wein, dem Essig und der Crème fraîche zu einer Paste verrühren, dann mit Salz und Zucker abschmecken. Sollte die Sauce zu fest werden, noch etwas Wein hinzufügen. Den Dill kalt waschen, abtropfen lassen und unmittelbar vor dem Servieren die Blättchen von den Stielen zupfen und zur Sauce geben.

Diese braucht mindestens drei Stunden, um ihr Aroma voll zu entfalten. Sie harmoniert hervorragend mit kaltem Wild (z. B. Rehrücken), Roastbeef und kaltem Huhn.

Cumberland-Sauce

Zutaten:

8 EL rotes Johannisbeergelee
4 EL Orangensaft
2 TL Zitronensaft
125 ml Portwein
2 EL scharfer Senf
1 Schalotte
abgeriebene Schale einer halben unbehandelten Orange
abgeriebene Schale einer halben unbehandelten Zitrone
1 Prise Cayennepfeffer
1 Prise Ingwerpulver

Zubereitung:

Das Johannisbeergelee in einem Topf unter ständigem Rühren erhitzen, bis es flussig wird, dann nach und nach den Orangensaft, den Zitronensaft und den Portwein dazugießen. Den Topf anschließend vom Feuer nehmen. Die Schalotte fein würfen und zusammen mit dem Senf mit dem Schneebesen in die Flüssigkeit rühren, gefolgt von den abgeriebenen Schalen von der Orange und der Zitrone. Mit Pfeffer und Ingwer abschmecken.

Diese Sauce – ein Klassiker unter den Senfsaucen mit Früchten – kann warm oder kalt serviert werden. Sie passt gut zu Wild und Wildgeflügel, auch beim Fondue ist sie ein Highlight. Man kann sie auch variieren und verfeinern, indem man beispielsweise ein Gelee aus anderen roten Beeren verwendet oder zum Schluss rote Früchte, wie etwa Cranberrys, hinzufügt.

Senfbutter

Einfache Senfbutter

Zutaten:

250 g zimmerwarme Butter
2 gehäufte EL scharfer Senf
2 EL Zitronensaft
Salz
weißer Pfeffer

Zubereitung:

Die Butter schaumig rühren, dann den Senf, den Zitronensaft, das Salz sowie den Pfeffer unterrühren und die Butter anschließend kalt stellen.

Für diese schlichte Senfbutter gibt es unzählige Einsatzmöglichkeiten und sei es nur als leckerer Brotaufstrich.

Estragon-Senfbutter

Zutaten:

2 hartgekochte Eidotter
1 EL Estragonsenf
1 Prise Salz
1 Prise Zucker
100 g zimmerwarme Butter

Zubereitung:

Die Eidotter zerdrücken, mit allen anderen Zutaten gründlich verrühren und die Senfbutter bis zum Verzehr kaltstellen.

Heiße Senfbutter

Zutaten:

50 g Butter
50 g Margarine
2 EL scharfer Senf
Saft von ½ Zitrone
Salz
Pfeffer
Cayennepfeffer

Zubereitung:

Die Butter und die Margarine in einer Pfanne aufschäumen lassen, dabei sollte das Fett hellbraun werden. Den Senf und den Zitronensaft unterrühren und das Ganze mit Salz, Pfeffer und Cayennepfeffer abschmecken.

Diese Senfbutter passt zu allen Gerichten mit gekochtem Fisch und sollte heiß darüber gegossen werden.

Marinade und Beize mit Senf

Senfmarinade für Grillfleisch

Zutaten:

2 TL frischer Rosmarin
2 TL frischer Thymian
4 gehäufte EL Rôtis-seursenf
2 EL Apfelessig
frisch gemahlener schwarzer Pfeffer
Salz

Zubereitung:

Die Kräuter kalt waschen und fein hacken. Alle Zutaten kräftig vermischen und mit Salz und Pfeffer abschmecken. Dann das Grillfleisch mit der Marinade bestreichen und mindestens zwölf Stunden lang ziehen lassen.

Senfbeize für Lammfleisch

Zutaten:

3 EL Petersilie
3 EL Frühlingszwie-beln
¼ TL Cayennepfeffer
4 EL gelbe Senfkörner, grob gemörsert
1 EL fein zerstoßener grüner Pfeffer
25 g Semmelbrösel
3 EL Öl

Zubereitung:

Die Petersilie und die Frühlingszwiebel fein hacken, dann zusammen mit den übrigen Zutaten im Mörser kräftig verreiben und unter Zuführung des Öls zu einer dicken Masse verarbeiten.

Diese Beize reicht für vier Lammkoteletts. Sie sollte dick eingerieben werden und ca. zwölf Stunden lang einwirken. Dann wird das Lamm ebenso zart wie schmackhaft.

Diese Beize eignet sich auch für andere Fleischsorten mit starkem Eigengeschmack, nicht etwa, um diesen zu überdecken, sondern vielmehr, um ihn harmonisch zu unterstreichen.

Senf-Zwiebel-Beize für Schweinefleisch

Zutaten:

120 g Zwiebeln
2 EL Bier
10 TL körniger, scharfer Senf
2 EL Öl
2 Lorbeerblätter

Zubereitung:

Die Zwiebeln schälen, sehr fein würfeln und in einer Schale mit den anderen Zutaten gründlich mischen. Dann das Fleisch mit der Beize einreiben und vor dem Braten oder Grillen mindestens sechs Stunden lang ziehen lassen.

Dieses Rezept ist ausreichend für ca. 500 g Schweinenackensteak.

Dressings mit Senf für Salate und Süßspeisen

Pikantes Senfdressing

Zutaten:

1 EL Essig
Salz
frisch gemahlener schwarzer Pfeffer
1 EL beliebiges Speiseöl, allerdings kein Kürbiskernöl
150 g Naturjoghurt
2 EL saure Sahne
1 TL süßer Senf
1 TL geriebener Meerrettich

Zubereitung:

Den Essig mit Salz und Pfeffer verrühren, das Öl und den Joghurt dazugeben und mit einem Schneebesen kräftig aufschlagen. Dann die saure Sahne, den Senf und den Meerrettich einrühren und erneut mit Salz und Pfeffer abschmecken.

Dieses Salatdressing eignet sich für gemischte Blattsalate sowie für Tomaten- und Gurkensalate; bei Letzterem empfiehlt es sich, noch Dill hinzuzufügen.

Schnelles Senfdressing

Zutaten:

80 g Salatmayonnaise
1 EL Zitronensaft
5 g Salz
100 g milder Senf
5 g Zucker
1 Prise frisch gemahlener schwarzer Pfeffer
1 TL frisch geriebener Meerrettich

Zubereitung:

Die Mayonnaise mit dem Zitronensaft und dem Salz mit einem Schneebesen gut verrühren. Den Senf löffelweise dazugeben und die Sauce mit Zucker, Pfeffer und Meerrettich pikant abschmecken.

Einfaches Senfdressing

Zubereitung:

Alle Zutaten mit dem Schneebesen kräftig verrühren, mit Salz und Pfeffer abschmecken.

Zutaten:

4 EL Oliven-, Raps- oder Sonnenblumenöl)
2 EL Weinessig
1 EL milder Senf
5 g Salz
Frisch gemahlener Pfeffer

Joghurt-Senfdressing

Zubereitung:

Den Schnittlauch und die Schalotte fein hacken. Alle Zutaten kräftig verrühren und abgedeckt für ca. zwei Stunden kaltstellen, dann nochmals durchrühren. Evtl. mit Salz abschmecken.

Von diesem Dressing gibt es verschiedene Varianten, so kann man es beispielsweise alternativ auch mit Dijonsenf, mit Petersilie oder Lauchzwiebeln an Stelle von Schnittlauch zubereiten, ganz nach Gusto.

Zutaten:

1 EL grober, scharfer Senf
1 EL Schnittlauch
225 ml Naturjoghurt
1 EL Schalotte
Evtl. Salz

Im Folgenden seien nun einige Beispiele für süße Dressings genannt, die zeigen, wie viele Einsatzmöglichkeiten von Senf es gibt. Alles, was man braucht, ist ein wenig Liebe zum Detail und Fantasie.

Orangen-Joghurt-Senfdressing

Zutaten:

1 EL Honig
3 EL Orangensaft
200 ml fester Joghurt
100 g scharfer Senf
Salz
Pfeffer

Zubereitung:

Den Honig mit dem Orangensaft verrühren, dann unter den Joghurt mischen. Den Senf unter Rühren löffelweise hinzufügen.

Das Dressing mit Salz und Pfeffer abschmecken, eine Stunde lang kalt stellen und dann nochmals durchrühren.

Um ihm eine besondere Note zu verleihen, kann man auch einen Senf mit Fruchtaroma verwenden.

Senfbutter-Kardamom-Dressing

Zutaten:

115 g Senfbutter, hergestellt mit scharfem Senf
2 EL Orangensaft
2 EL Weinbrand
2 EL Puderzucker
6 Kardamomsamen
2 schwarze Pfefferkörner

Zubereitung:

Die Senfbutter bei geringer Hitze schmelzen, dann den Orangensaft, den Weinbrand und den Puderzucker hinzufügen. Die Kardamomsamen und den Pfeffer in einem Mörser fein zerstoßen, zu der Mischung geben und alles gut verrühren.

Dieses Dressing eignet sich hervorragend als Sauce zu Fruchtspießen oder gedünstetem Obst. Es kann nach eigenem Geschmack kalt oder warm bzw. lauwarm serviert werden.

Senf-Erdbeer-Wein-Marinade

Zubereitung:

Den Wein mit dem Zucker in einem großen, flachen Topf erhitzen und rühren, bis sich der Zucker aufgelöst hat. Dann die Mischung zum Kochen bringen und ca. fünf Minuten bei geringer Hitze köcheln lassen. Die gewaschenen, geviertelten Erdbeeren hinzufügen und alles ca. acht Minuten bei kleiner Flamme weiter kochen lassen, bis ein Sirup entstanden ist. Nun den Senf einrühren.

Dieses Dressing ergibt eine wunderbare Marinade für Früchte, wie beispielsweise Birnen, Pfirsiche oder Aprikosen. Es wird noch warm über das Obstdessert gegossen.

Zutaten:

500 ml milder, trockener Weißwein
4 EL Zucker
4 EL grober, süßer Senf
6 große Erdbeeren

Suppen mit Senf

Bei Suppen gibt es nicht ganz so viele Einsatzmöglichkeiten für Senf wie bei Dressings und Saucen. Man kann Letztere allerdings durchaus auch zu einer wohlschmeckenden Suppe verlängern. Oder etwa eine fette Kohlsuppe durch die Beigabe von etwas Senf verdaulicher gestalten. Und auch eine Kürbissuppe bekommt durch die Zugabe von einem Löffelchen Senf eine besondere Note. Dabei sind Ihrer eigenen Fantasie wiederum keine Grenzen gesetzt. Hier soll nun jedoch ein spezielles Suppenrezept vorgestellt werden.

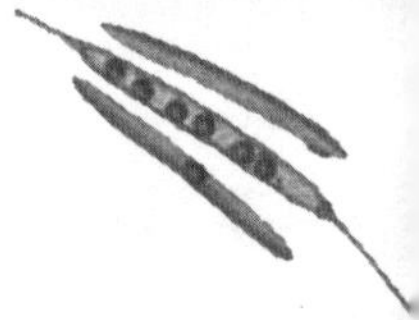

Kleines Senfsüppchen

Zutaten:

1 Zwiebel
40 g Butter
40 g Mehl
800 ml Gemüsebrühe
200 ml trockener Weißwein
1 Lorbeerblatt
100 ml Sahne
2 EL mittelscharfer Senf
1 EL scharfer Senf
150 g Crème fraîche
375 g Staudensellerie
Salz
Pfeffer
frisch geriebene Muskatnuss nach Gusto
½ verkaufsübliche kleine Schale Kresse

Zubereitung:

Die Zwiebel schälen und fein würfeln, die Butter in einem Topf langsam erhitzen – bis kurz vor den Siedepunkt – und dann die Zwiebel darin glasig dünsten. Das Mehl darüberstäuben und anschwitzen, mit Brühe und Weißwein ablöschen, das Lorbeerblatt dazugeben und alles 10–15 Minuten köcheln lassen. In der Zwischenzeit den Staudensellerie waschen, putzen und in dünne Scheibchen schneiden. Das Lorbeerblatt wieder entfernen, den Sellerie hinzugeben und mit garen lassen. Währenddessen die Sahne steif schlagen.

Nun den Senf und die Crème fraîche in die Suppe rühren, diese mit Salz und Pfeffer abschmecken und dann in Tellern anrichten. Jeden davon mit einem Klecks Sahne versehen und mit ein wenig frisch geriebener Muskatnuss sowie einigen Kresseblättchen bestreuen.

Man kann diese Senfsuppe variieren, indem man andere Gemüse- oder Senfsorten verwendet. Sie ist in jedem Fall die ideale Einstimmung auf einen gelungenen Grillabend.

Hauptgerichte mit Senf

Jetzt wird es Zeit für Hauptgerichte. Nun ist es natürlich kaum vorstellbar, dass Senf die wesentliche Zutat eines Hauptgerichts darstellen könnte, daher sind die folgenden Rezepte nach dem Kriterium ausgesucht worden, dass er den Geschmack des Gerichts wesentlich prägt oder mitbestimmt.

Die Rezepte sind, falls nichts anderes angegeben ist, jeweils für vier Personen berechnet.

Bevor wir uns den Hautspeisen als solchen zuwenden, sei hier jedoch noch rasch eine Beilage vorgestellt, deren besonderer Reiz ebenfalls dem Senf zu verdanken ist und die zu ganz unterschiedlichen Gerichten serviert werden kann.

Eine raffinierte Beilage zu vielen Hauptgerichten:
Senf-Spaghetti

Zutaten:

250 g Spaghetti
250 ml Sahne
2 EL Rôtisseursenf
Salz
frisch gemahlener Pfeffer
2 TL Zitronensaft
2 Eidotter
1 TL Kapern

Zubereitung:

Die Spaghetti in Salzwasser bissfest kochen.

Derweil die Sahne und den Senf kräftig verrühren und in einem Topf bei kleiner Hitze aufkochen lassen, mit Salz, Pfeffer und Zitronensaft abschmecken. Die Eidotter mit etwas Senfsahne verrühren und die Sauce damit legieren. Zum Schluss die Kapern unterrühren.

Die Spaghetti abtropfen lassen und in der Senfsahnesauce schwenken.

Sie sind vielseitig einsetzbar: So kann man sie zu Hackbraten ebenso wie zu Fisch essen.

Gerichte mit Eiern

Senfeier mit Meldegemüse

Hier ein etwas anderer Vorschlag für den Klassiker »Eier in Senfsauce«:

Der Weiße Gänsefuß *(Chenopodium album)*, ein Wildkraut, das umgangssprachlich unter den Namen Mehlkraut, wilder Spinat, Molkenkraut oder eben Melde bekannt ist, ist ein verkanntes Gemüse, das vornehmlich auf Schuttplätzen wächst; es gibt aber auch die diesem sehr nahe verwandte Gartenmelde, die im Frühling geerntet wird und auch dem Spinat ähnlich ist. Statt Melde kann man bei diesem Gericht daher auch Spinat verwenden.

Zutaten:

240 g Melde
4 Eier
2 Schalotten
300 ml Gemüsebrühe
100 ml Sahne
80 g gelbe Senfkörner
80 g Butter
frisch geriebene Muskatnuss
frisch gemahlener Pfeffer

Zubereitung:

Die Melde waschen, trocken schütteln und mit 40 g Butter etwa 15 Minuten dünsten; die Blätter verfärben sich dabei grüner. Dabei ist darauf zu achten, dass sie noch Biss haben. Das Gemüse mit etwas Muskatnuss würzen – nicht mit Salz, da die Melde selbst bereits leicht salzig schmeckt – und beiseitestellen.

Die Eier kochen, bis sie wachsweich sind, dann abschrecken und schälen. Die Schalotten waschen, trocken tupfen und fein hacken.

Die Gemüsebrühe in einem Topf mit den Schalotten zum Kochen bringen und so lange köcheln lassen, bis nur noch ca. 1/3 der Flüssigkeit vorhanden ist. Dann die Sahne hinzufügen, alles kurz aufkochen lassen und vom Feuer nehmen.

Die Senfkörner in einem Sieb mit Wasser abspülen, trocken schütteln und im Mörser grob zerstoßen. Dann zusammen mit der restlichen, kalten Butter in die Sauce einrühren. Diese nun mit einem Stabmixer pürieren und mit Salz, Pfeffer sowie etwas Muskatnuss abschmecken.

Die Eier halbieren und gemeinsam mit dem Gemüse und der Sauce anrichten. Dazu passen Möhren und Kartoffelpüree.

Im Ofen überbackene Senfeier

Senfeier kennt man in vielen Variationen. Aber haben Sie sie schon einmal mit Käse überbacken probiert?

Hier nun ein interessanter Vorschlag für ein kleines Zwischengericht, das sehr leicht gelingt und in ca. 30 Minuten zubereitet ist.

Zutaten:

25 g Butter
120 g mittelalter Gouda, gerieben
200 ml Sahne
1 EL gelbes Senfmehl
8 mittelgroße Eier
1 EL frisch gehackte glatte Petersilie
Salz
Pfeffer

Zubereitung:

Eine kleine, ovale, ofenfeste Form mit der Butter ausstreichen und mit ca. 2 EL geriebenem Käse gründlich ausstreuen.

Die Sahne halb steif schlagen und das Senfmehl nach und nach einrieseln lassen, 2 EL Käse hinzugeben, die Masse mit Salz und Pfeffer abschmecken, in die Form gießen und gleichmäßig darin verteilen.

Die Eier aufschlagen und unverquirlt über die Masse geben. Alles mit dem Rest des Käses und der Petersilie bestreuen und im auf 180° C vorgeheizten Backofen ca. 25 Minuten lang goldgelb überbacken.

Dazu gebutterten Toast reichen und die Zwischenmahlzeit ist perfekt.

Fleischgerichte

Einfaches Senffleisch

Zutaten:

600 g Schweine-
gulasch
600 g Rindergulasch
6 EL scharfer Senf
6 EL grober Senf
(Rôtisseur)
500 ml Fleischbrühe
4 Scheiben Zwieback
4 Eidotter
100 g Butterschmalz

Zubereitung:

Das Gulasch in der kochenden Fleischbrühe fünf Minuten lang blanchieren, abkühlen lassen und in handwarmem Zustand kräftig mit Senf einreiben.

Mindestens zwei Stunden zugedeckt ziehen lassen. In der Zwischenzeit den Zwieback fein reiben. Das Eigelb mit dem Schneebesen aufschlagen, die Zwiebackbrösel einstreuen und das Fleisch darin wälzen.

Das Butterschmalz erhitzen und die Fleischstücke nach und nach goldbraun rösten.

Zu diesem Senffleisch passen Kartoffeln in vielerlei Darreichungsformen und Salat.

Dieses Rezept kann variiert werden, indem man andere Fleisch- oder Senfsorten verwendet und weitere Gewürze hinzugibt. Eine besondere Note bekommt das Senffleisch, wenn man zum Schluss Honig darüber träufelt.

Senfbraten als Grillstück vom Spieß

Zubereitung:

Den Knoblauch im Mörser mit etwas Salz (ca. 5 g) fein zerquetschen. Den Mörser danach nicht reinigen.

100 ml Öl erhitzen und ¾ der Knoblauchmasse darin mit erwärmen. Das Knoblauchöl zur Seite stellen und erkalten lassen.

Die Kräuter waschen, trocknen, die Zwiebeln schälen und alles fein hacken.

Die Pfefferkörner im Mörser fein zerdrücken, dann daraus mit dem restlichen Knoblauch sowie den Kräutern, den Zwiebeln, Salz und 2–3 EL Öl eine Würzpaste fertigen, ähnlich einem Pesto.

Das Kotelettfleisch mit kaltem Wasser waschen, mit Küchenkrepp trocken tupfen und dann komplett mit Salz und Pfeffer kräftig einreiben. Die Innenseite dick mit der Würzpaste bestreichen, dann das Fleisch zu einer Spießbratenrolle formen und mit Küchengarn fixieren. Auf einen Spieß stecken und gut 1½ Stunden lang grillen, zwischendurch immer wieder mit dem Knoblauchöl bestreichen.

Dazu schmecken Folienkartoffeln und Grillgemüse.

Zutaten:

6 Knoblauchzehen
1 Bund glatte Petersilie
1 TL frischer Majoran
1 TL frischer Salbei
1 TL frisches Basilikum
200 ml Sonnenblumenöl
2 rote Zwiebeln
1 EL grüne Pfefferkörner
8 EL scharfer oder Dijonsenf
2 kg ausgelöstes Kotelettstück vom Schwein, gleich vom Metzger der Länge nach bis ca. zur Hälfte eingeschnitten
Salz
frisch gemahlener schwarzer Pfeffer

Leber vom Jungrind in Senfsauce

Zutaten:

750 g frische Jungrindleber
1 mittelgroße rote Zwiebel
35 g Butterschmalz
1 TL Stärkemehl
125 ml Fleischbrühe oder Rindsbouillon
125 ml Sahne
1 EL extra scharfer Senf
Salz
frisch gemahlener weißer Pfeffer

Zubereitung:

Die Jungrindleber mit kaltem Wasser waschen, häuten und die Sehnen herausziehen (wenn dies nicht bereits vom Metzger getan wurde). Die Leber in dünne kleine Scheiben schneiden.

Die Zwiebel schälen und fein würfeln. Das Butterschmalz in einer großen Pfanne stark erhitzen und die Zwiebel darin anbraten, ca. zwei Minuten später die Leberstücke zugeben und alles unter Rühren weitere zwei Minuten bei starker Hitze braten. Dann von der Feuerstelle nehmen und mit Salz und Pfeffer abschmecken.

Die Leber und die Zwiebeln mit einem Schaumlöffel aus der Pfanne heben, in eine feuerfeste Form geben und im Ofen warm halten.

Das Stärkemehl in etwas kalter Brühe auflösen. Den Rest der Brühe mit der Sahne und dem Senf in die Pfanne rühren und alles kurz aufkochen lassen, dann die aufgelöste Stärke hinzugeben und rühren, bis die Sauce sämig wird.

Diese mit Salz und Pfeffer abschmecken und über die Leber gießen.

Dazu passen grüne Bohnen im Speckmantel und Herzoginkartoffeln sowie, als Highlight, Birnenkompott mit Cranberrys.

Kasseler mit Senfkruste

Zubereitung:

Den Ofen auf 175° C vorheizen, dann den Kasseler Rücken im Bräter im Ofen eine halbe Stunde lang garen.

Währenddessen das Eiweiß sehr steif schlagen. Das Senfmehl, den Zucker und das Bier miteinander verrühren und unter das Eiweiß heben. Den Kasseler Rücken damit dick einstreichen und mit den Semmelbröseln bestreuen.

Die eiskalte Butter in Flöckchen darüber geben. Alles im Backofen bei 225° C überkrusten lassen. Den Kasseler Rücken am Knochen erkalten lassen, diesen dann auslösen und das Fleisch in Scheiben geschnitten servieren.

Dazu passt eine rote Obstsauce oder ein Preiselbeer-Senf-Dip. Pumpernickel mit Butter rundet das Gericht ab.

Dieses Rezept ist für 6 Personen berechnet.

Zutaten:

1 kg Kasseler Rücken mit Knochen
2 Eiweiß
1 EL gelbes Senfmehl
2 EL Zucker
2 EL Bier
5 EL Semmelbrösel
30 g eiskalte Butter

Gulasch mit grüner Senfsauce

Zutaten:

400 g Rindfleisch (Kugel oder dicker Bug)
400 g Schweineschulterfleisch
2 Zwiebeln
30 g Schweineschmalz
1 EL Mehl
150 ml Fleischbrühe
100 g gelbe Senfkörner
1 Bund glatte Petersilie
200 g Crème fraîche
Salz
frisch gemahlener schwarzer Pfeffer

Zubereitung:

Das gesamte Fleisch in mundgerechte Würfel schneiden. Die Zwiebeln schälen und fein würfeln.

Das Schweineschmalz erhitzen und die Fleischwürfel darin portionsweise anbraten, die Zwiebeln zugeben und alles unter Rühren ca. drei Minuten braten.

Das Fleisch mit Salz und Pfeffer würzen, das Mehl darüber stäuben und alles kurz anrösten, dann die Brühe zugeben.

Anschließend das Gulasch zugedeckt bei geringer Hitze etwa zwei Stunden lang schmoren. Die gelben Senfkörner im Mörser grob zerstoßen, die Petersilie waschen, trocknen und klein hacken. Die Crème fraîche in die Gulaschsauce rühren, dann die zerstoßenen Senfkörner untermischen, die Petersilie einstreuen und alles noch einmal kurz aufkochen lassen, dabei stets rühren.

Das Gulasch vom Herd nehmen und im geschlossenen Topf weitere fünf Minuten ziehen lassen, dann servieren.

Passend dazu sind grüne Nudeln oder Klöße, je nach Geschmack.

Lammkeule mit Senfkruste

Zutaten:

1 Lammkeule mit Knochen, ca. 1,5 kg
4 EL Sonnenblumenöl
2 junge, frische ganze Knoblauchzwiebeln
3 Lorbeerblätter
2 Zweige Rosmarin
400 ml Lammfond, ersatzweise Brühe
125 ml Portwein
2 gehäufte EL grober, scharfer Senf
Salz
frisch gemahlener schwarzer Pfeffer

Zubereitung:

Die Lammkeule von überschüssigem Fett, Haut und Sehnen befreien, parieren (wenn dies nicht bereits vom Metzger erledigt wurde).

Das Fleisch dann kalt abwaschen, trocken tupfen, kräftig mit Salz und Pfeffer einreiben und im Bräter in heißem Öl rundum stark anbraten.

Die Knoblauchzwiebeln quer halbieren und ins Bratöl legen. Die Lorbeerblätter und Rosmarinzweige hinzugeben und den Lammfond angießen.

Dann die Lammkeule im vorgeheizten Backofen bei 200° C ca. 20–25 Minuten lang braten. Den Portwein zugießen und die Keule zugedeckt etwa 75 Minuten schmoren, dabei ab und zu mit dem Bratensaft übergießen. Anschließend das Fleisch mit dem Senf bestreichen, weitere 15 Minuten ohne Deckel braten und dann im Sud 15 Minuten ruhen lassen. Die Bratensauce mit Salz und Pfeffer abschmecken.

Das Fleisch in Scheiben schneiden und mit der Bratensauce servieren.

Dazu kann man ganz verschiedene Beilagen reichen, von Bratkartoffeln bis zum Kartoffelpüree, und die obligatorischen Bohnen im Speckmantel vervollkommnen den Klassiker.

Lammkeule mit Thymian-Senfkruste

Zubereitung:

Die parierte Lammkeule mit kaltem Wasser abwaschen und trocken tupfen. Die Knoblauchzehen schälen und in feine Stifte schneiden.

Die Keule mit einem spitzen Messer vielfach einstechen und die Knoblauchstifte in die entstandenen Taschen stecken.

Das Fleisch anschließend mit 1–2 EL Öl massieren, mit Salz, Pfeffer und Salbei würzen, im vorgeheizten Backofen bei 250° C auf dem Rost ca. 15 Minuten braten; mindestens einmal wenden.

Mit dem restlichen Öl und dem Senf eine dicke Paste anrühren und die Lammkeule damit einstreichen, dann kräftig mit Thymian bestreuen, davon allerdings noch etwas zurückbehalten.

Anschließend die Keule noch ca. 45 Minuten bei 200° C im Backofen braten, dabei häufiger wenden, immer wieder mit der Senfsauce einstreichen und mit Thymian bestreuen. Das Fleisch vor dem Anschneiden noch 15 Minuten im ausgeschalteten, geöffneten Ofen ruhen lassen.

Auf die gleiche Weise kann man natürlich auch andere Stücke vom Lamm zubereiten, so beispielsweise Lammrücken.

Hierzu passen ganze geröstete Petersilienkartoffeln und vielerlei Arten von Grüngemüse.

Zutaten:

1 kg Lammkeule ohne Knochen, vom Metzger pariert
3 große Knoblauchzehen
4 EL Olivenöl
½ TL getrockneter Salbei
Salz
frisch gemahlener schwarzer Pfeffer
4 EL scharfer Senf
1 EL getrockneter Thymian

Wildkaninchen in Senfsauce

Zutaten:

1 Wildkaninchen, ca. 1,5 kg
6 EL scharfer Estragonsenf
8 Scheiben feiner Bauchspeck, geräuchert
40 g Butter
200 g Crème fraîche
1 Messerspitze Cayennepfeffer
125 ml Weißwein
Salz
frisch gemahlener weißer Pfeffer
125 g Wildpreiselbeeren

Zubereitung:

Den Backofen auf 220° C vorheizen. Das Kaninchen mit kaltem Wasser waschen, trocken tupfen und innen mit Salz und Pfeffer einreiben.

Das Fleisch außen mit ca. 3 EL Estragonsenf dünn einstreichen, dann mit den Speckscheiben fest umwickeln und mit Küchengarn fixieren.

Einen Schmortopf ausbuttern und das Kaninchen darin auf der untersten Schiene im Ofen ca. eine Stunde lang zugedeckt garen lassen. Fünf Minuten vor Ende der Garzeit die Speckscheiben entfernen und das Fleisch im offenen Topf bräunen lassen, dann herausnehmen und warm stellen.

Die Crème fraîche mit dem restlichen Senf und dem Cayennepfeffer verrühren. Den Bratensatz im Topf mit Wein aufgießen und lösen, dann die Senfsauce hinzugeben, alles kräftig verrühren und aufkochen lassen.

Das Kaninchen auf einer Platte anrichten, ganz oder tranchiert, die Preiselbeeren und die Sauce separat dazu reichen.

Dazu passen ausgezeichnet Spätzle und als Gemüse – wie kann es bei Kaninchen anders sein? – in Butter gedünstete Möhrchen.

Kaninchenkeulen in Senfsauce

Zubereitung:

Den Backofen auf 200° C vorheizen. In einer Pfanne oder einem Schmortopf die Butter langsam schmelzen lassen, mit Salz und Pfeffer würzen.

Die Kaninchenkeulen mit kaltem Wasser abwaschen, trocken tupfen, jeweils in mindestens zwei Stücke schneiden und dann großzügig mit Senf bestreichen.

Das Fleisch in einen Bräter legen, mit der flüssigen Butter übergießen und alles für eine halbe Stunde in den Backofen geben. Dabei nach zehn Minuten den Bräter mit dem Deckel verschließen, diesen nach weiteren 20 Minuten jedoch wieder abnehmen. Das Fleisch während des Garens zudem häufig mit dem Bratenfond übergießen, danach aus dem Topf nehmen und warm stellen.

Den Bratenfond einkochen lassen, die Crème fraîche hinzugeben und alles mit dem Schneebesen aufschlagen, bis eine sämige Sauce entsteht. Die Kaninchenkeulen auf einer Platte anrichten und mit der Sauce übergießen. Dazu Preiselbeeren reichen.

Als Beilage dazu schmecken Reis oder Nudeln ebenso wie Kartoffeln; als Gemüse ist gedünsteter Blattspinat bestens geeignet.

Zutaten:

4 Zuchtkaninchenkeulen
6 EL scharfer Senf
100 g Butter
200 g Crème fraîche
Salz
frisch gemahlener schwarzer Pfeffer

Geflügelgerichte

Stubenküken in milder Senfsauce

Zutaten:

2 Stubenküken
Salz
Pfeffer
½ TL Anispulver
100 g Butter
100 ml halbtrockener Weißwein
3 EL Crème fraîche
1 EL mittelscharfer Senf
400 g weiße, kernlose Trauben
15–20 Basilikumblättchen

Zubereitung:

Die Stubenküken mit kaltem Wasser abwaschen, abtropfen lassen, mit Küchenkrepp trocken tupfen und halbieren; dann rundum mit Salz und Pfeffer, die Innenseiten zusätzlich mit Anis einreiben.

Das Fleisch in einer Pfanne mit 80 g Butter von allen Seiten kräftig anbraten. Anschließend bei geringer Hitze ca. 20 Minuten lang garen, dabei ab und zu wenden.

Die Küken herausnehmen und auf einer Platte im Ofen warmstellen. Den in der Pfanne gewonnenen Fleischsaft mit Wein aufgießen, etwas einkochen lassen, dann mit Crème fraîche und Senf verfeinern und mit Salz und Pfeffer abschmecken. Die Küken zur Sauce geben, diese aber nicht mehr köcheln lassen.

Die Trauben waschen, halbieren und in der restlichen, aufgeschäumten Butter kurz andünsten, zum Geflügel geben und kurze Zeit in der Sauce ziehen lassen.

Alles mit gewaschenen Basilikumblättchen bestreuen und heiß servieren.

Dazu passen hervorragend Nudeln oder Spätzle.

Putenbrustfilet in Senfsahnesauce

Zubereitung:

Die Putenbrust mit kaltem Wasser waschen, trocken tupfen und in fingerdicke und -lange Streifen schneiden.

Den Knoblauch schälen und mit etwas Salz zerdrücken, bis ein feiner Brei entsteht. Die Zitronenschale abreiben, den Saft auspressen und diesen mit der Gemüsebrühe mischen.

Das Öl erwärmen, das Fleisch darin anbraten, anschließend salzen, pfeffern und warm stellen.

Den Knoblauch in das Bratöl geben und leicht andünsten, ca. 1/3 der Brühe langsam zugießen und damit den Bratensatz lösen. Nach und nach abwechselnd die restliche Brühe und die Sahne zugeben und bei starker Hitze unter ständigem Rühren die Sauce cremig einkochen lassen.

Den Senf einrühren, das Fleisch dazugeben und alles kurz aufkochen lassen. Die Petersilie fein hacken und über das Gericht streuen.

Als Beilage dazu empfiehlt sich eine Mischung aus Wild- und Basmatireis.

Zutaten:

600 g Putenbrustfilet
2 Knoblauchzehen
½ unbehandelte Zitrone
125 ml Gemüsebrühe
2 EL Öl
200 ml Sahne
3 EL Dijonsenf
Salz
frisch gemahlener schwarzer Pfeffer
4 Zweige glatte Petersilie

Entenbrust mit pikanter Senfkruste

Zutaten:

3 Entenbrüste ohne Haut
4 EL Sonnenblumenöl
1 kleine rote Zwiebel
1 Scheibe Toastbrot
1 EL Haselnüsse
1 kleine Chilischote
4 EL mittelscharfer Senf
4 EL eiskalte Butter
125 ml Rotwein
Salz
frisch gemahlener schwarzer Pfeffer
1 Zweig Thymian

Zubereitung:

Die gehäuteten, gesäuberten Entenbrüste in einer Pfanne in Öl von beiden Seiten jeweils fünf Minuten braten. Vom Feuer nehmen und warm stellen. Die Zwiebel schälen und in kleinste Würfelchen schneiden. Das Toastbrot und die Haselnüsse mit dem Mixer fein zerkleinern.

Die Chilischote entkernen und fein hacken, mit dem Senf vermischen. Dann den Thymianzweig auf der Masse platzieren.

Die Entenbrüste mit der Senfmasse bestreichen und mit der Brot-Haselnussmischung großzügig bestreuen, dann aus der Pfanne nehmen und in einer feuerfesten Form im Backofen nur bei Oberhitze oder im Grill in ca. fünf Minuten fertig garen.

In der zuvor benutzten Pfanne die Zwiebel im dort verbliebenen Öl kurz anschwitzen, dann mit dem Rotwein ablöschen, alles etwas einkochen lassen und mit den eiskalten Butterflöckchen sämig einschwenken. Die fertige Sauce mit Salz und Pfeffer abschmecken und zusammen mit den tranchierten Entenbrüsten servieren.

Dazu passen Schweizer Rösti oder Kartoffelplätzchen sowie Rosenkohl ausgezeichnet.

Kalte Hähnchenbrust mit Senfkruste

Zubereitung:

Die Hähnchenbrustfilets im erhitzten Öl von allen Seiten goldbraun anbraten. In eine feuerfeste Form legen, beiseitestellen und leicht abkühlen lassen.

Den Senf mit den Semmelbröseln und dem Tomatenmark zu einer Masse verarbeiten und diese großzügig auf den Hähnchenbrüsten verteilen.

In der Zwischenzeit den Backofen auf 220° C vorheizen und das Fleisch dann im Ofen überkrusten.

Anschließend die Hähnchenbrüste erkalten lassen und in ca. zwei Finger breite Scheiben schneiden.

Es bietet sich an, dazu einen Blattsalat aus Eichblattsalat, Ruccola, Radicchio oder ähnlich deftigen Salatsorten mit einer schönen Vinaigrette zuzubereiten und die Hähnchenbrüste darauf anzurichten.

Sie können auch noch in Butter geschwenkte Pilze darübergeben, das ist schmackhaft und dekorativ.

Reichen Sie dazu Kartoffelplätzchen und das Gericht ist komplett.

Jedes Geflügel- und Kaninchenfleisch mit einer Senfkruste mundet hervorragend kalt und kann, in feine Streifen geschnitten, die Krönung der verschiedensten Salate darstellen.

Zutaten:

2 Hähnchenbrustfilets
2 EL Erdnussöl
2 EL Dijonsenf
2 EL süßer Senf
2 EL Semmelbrösel
2 EL Tomatenmark

Gegrillte, pikante Hähnchenkeulen

Zutaten:

4 EL Honigsenf
½ TL Sriracha-Sauce, ersatzweise Sambal Oelek
4 EL Honig
3 Knoblauchzehen
Salz
12 Hähnchenkeulen

Zubereitung:

Den Senf, die Sriracha-Sauce und den Honig mit dem Schneebesen gut miteinander verrühren. Den Knoblauch schälen und pressen, leicht salzen und zur Honig-Senf-Masse geben.

Die Hähnchenkeulen grillen und währenddessen wiederholt mit der Masse bestreichen.

Man kann die Hähnchenkeulen alternativ dazu auch im Backofen zubereiten.

Als Beilage eignen sich Grillgemüse und Folienkartoffeln.

Gerichte mit Fisch & Co.

Die Kombination von Fisch und Senf beschränkt sich nicht auf Schlemmerfilets. Hier ist die Palette ebenso reichhaltig wie bei den Fleischgerichten.

Tintenfisch mit pikanter Senf-Knoblauch-Sauce

Zutaten:

500 g kleine Tintenfische (Kalamares), bereits vom Händler gesäubert
3 große Knoblauchzehen
1 rote Chilischote
4 EL natives Olivenöl
2 EL scharfer, grober Senf (Rôtisseur)
2 EL Tomatensenf
1 TL Tomatenmark
1 EL Zitronensaft
1 EL gehackte glatte Petersilie
Salz
frisch gemahlener schwarzer Pfeffer
1 Zitrone

Zubereitung:

Zunächst eine Bemerkung vorab zu den Kalamares: Für die Zubereitung von Tintenfisch gilt generell, dass man ihn entweder nur ganz kurz erhitzen darf oder aber sehr lange, denn sonst wird er zäh und gummiartig. Also: ganz kurz heiß anbraten, dünsten o. Ä. oder aber mindestens für 35 Minuten, damit er wieder zart wird. Alternativ dazu kann man ihn auch vorher kochen und erst dann anbraten.

Noch ein Tipp: Wenn Sie Tintenfisch und ähnliche Weichtiere kochen, geben Sie einen Naturkorken mit in das Kochwasser, dann werden sie zarter.

Für unser Gericht nun zunächst die Körpersäcke der Kalamares in feine Ringe und die übrigen Teile separat klein schneiden, die Augen und Schnäbel dabei entfernen. Den Knoblauch fein hacken. Die Chilischote von den Kernen, dem Stielansatz sowie den Scheidewänden befreien und das Fruchtfleisch in feine Würfel schneiden.

Das Öl in einer Pfanne erhitzen, den Chili und den Knoblauch darin bei schwacher Hitze anschwitzen und, sobald Letzterer im Öl beginnt Farbe anzunehmen, erst die Tintenfischringe und danach die restlichen Kalamarstücke hinzufügen. Mit Salz und Pfeffer abschmecken und bei mittlerer Hitze ca. zwei bis drei Minuten braten, dann den Senf und das Tomatenmark einrühren, den Zitronensaft und die Petersilie untermischen. Die andere Zitrone in Schnitze schneiden, das Gericht damit garnieren und sofort servieren.

Dazu passen Reis und Paprikagemüse.

Schleie in Senfsauce

Zubereitung:

Die Schleie unter fließendem, kaltem Wasser gründlich abspülen, abtropfen lassen und mit Küchenkrepp trocken tupfen. Dann mit dem Zitronensaft beträufeln, mit Salz einreiben und in eine feuerfeste, mit Butter gefettete Form geben.

Den Backofen auf 200° C vorheizen.

Die Zwiebel und die Möhre schälen, Erstere in feinste Scheiben, Letztere in fingerlange Streifen schneiden.

Den Wein zum Fisch gießen, die Zwiebel und die Möhre hinzufügen, dann die Kräuter, die Pfefferkörner und das Lorbeerblatt dazugeben.

Nun den Fisch mit eiskalten Butterflöckchen belegen und im vorgeheizten Ofen 20–25 Minuten gar dünsten, dabei ab und zu mit dem entstehenden Sud übergießen.

In der Zwischenzeit die Sauce bereiten: In einem Topf 30–40 g Butter schmelzen, das Mehl hineingeben und anschwitzen. Mit ein wenig Fischbrühe, die man vorsichtig der Form im Backofen entnommen hat, sowie mit dem Fischfond aufgießen und die Sauce ca. acht Minuten lang durchkochen lassen, dann den Senf einrühren, mit Sahne verfeinern und mit Salz und Pfeffer abschmecken.

Die Sauce über den Fisch in der Form gießen, diesen nochmals in den Ofen schieben und kurz überbacken. Die Petersilie fein hacken und unmittelbar vor dem Servieren darüberstreuen.

Das Rezept kann variiert werden, indem man statt der Schleie andere Süßwasserfische verwendet.

Salzkartoffeln und Salat sind die richtigen Begleiter für dieses Gericht.

Zutaten:

1 große Schleie (ca. 1 kg)
1 EL Zitronensaft
1 kleine rote Zwiebel
1 kleine Möhre
2 EL gehackte Kräuter, z. B. Petersilie, Kerbel, Thymian, Schnittlauch und Dill
200 ml Weißwein
1 Lorbeerblatt
3 schwarze Pfefferkörner
100 g eiskalte Butter
30 g Mehl
3 EL mittelscharfer Estragonsenf
100 ml Sahne
evtl. 125 ml Fischfond
½ Bund glatte Petersilie
Salz
frisch gemahlener weißer Pfeffer

Lachs in Honig-Senf-Sauce

Zutaten:

800 g Lachsfilets
1 Zitrone
6 kleine Frühlingszwiebeln
100 g grober Senf
80 g Honig
80 ml Weißweinessig
80 ml beliebiges Speiseöl, allerdings kein Kürbiskernöl
1 EL frischer Dill
Salz
frisch gemahlener weißer Pfeffer

Zubereitung:

Den Lachs in acht Stücke schneiden, eine halbe Zitrone auspressen, den Fisch mit dem Saft beträufeln und leicht salzen.

Die Frühlingszwiebeln putzen, mit kaltem Wasser abwaschen und dann in wenig Wasser ganz blanchieren, herausheben und abtropfen lassen. Das Zwiebelwasser im Topf mit etwas Wasser auffüllen, zum Sieden bringen, den Lachs hineinlegen und diesen darin höchstens fünf Minuten lang gar ziehen lassen.

Für die Sauce den Senf, den Honig und den Essig mit dem Schneebesen verquirlen, das Öl tropfenweise hinzufügen. Den Dill waschen, trocken tupfen, fein hacken und unterheben.

Die Lachsstücke mit den Frühlingszwiebeln wie ein Päckchen umwickeln, auf Tellern anrichten, mit der Sauce nappieren und mit den Zitronenscheiben garnieren.

Servieren Sie dazu Salzkartoffeln und Salat.

Mit Speck ummantelte Forellen in Zitronen-Senfsauce

Zubereitung:

Die Forellen unter fließendem, kaltem Wasser gründlich abspülen, dann innen und außen trocken tupfen.

Eine Zitrone auspressen und den Saft mit einem halben Teelöffel Salz und einer kräftigen Prise Pfeffer verrühren.

Die Forellen mit dieser Marinade innen und außen einreiben. Die Petersilie mit kaltem Wasser abspülen, ausschütteln und ungehackt in die Forellen geben.

Diese anschließend mit den Speckscheiben fest ummanteln und dann einzeln in Alufolie einwickeln.

Die Fische im vorgeheizten Ofen bei 200° C ca. 35 Minuten garen.

In der Zwischenzeit die zweite Zitrone auspressen und den Saft mit dem Senf vermischen, die Sauce mit Salz und Pfeffer abschmecken, den Dill waschen, trocken tupfen, fein hacken und unterheben

Servieren Sie die Forellen mit der Sauce und reichen Sie dazu Salz-, Petersilien- oder Pellkartoffeln sowie einen knackigen Salat und das Menü ist perfekt.

Zutaten:

4 küchenfertige Forellen (je ca. 300 g)
2 Zitronen
1 Bund krause Petersilie
350 g Frühstücksspeck (Bacon) in Scheiben
½ Bund frischer Dill
2 EL Dijonsenf
3 EL süßer Senf
100 ml natives Olivenöl
Salz
frisch gemahlener weißer Pfeffer

Schollenfilet mit Senfcreme überbacken

Zutaten:

1 kg Schollenfilets
2 EL Zitronensaft
200 g Crème fraîche
100 ml Sahne
1 EL Dijonsenf
1 EL englisches Senfpulver (Coleman)
80 ml trockener Sherry
1 TL Zucker
Salz
Pfeffer

Zubereitung:

Den Ofen auf 220° C vorheizen. Die Schollenfilets waschen, trocken tupfen und portionieren, dann in eine flache ofenfeste Form legen und mit dem Zitronensaft beträufeln, mit Salz und Pfeffer würzen.

Die Crème fraîche, die Sahne, den Sherry, den Senf, das Senfpulver und den Zucker in einer Schüssel gründlich mit dem Schneebesen verrühren und die Sauce über den Fisch gießen. Diesen im Backofen ca. zwölf Minuten lang garen und dann sofort servieren.

Kartoffelsalat rundet das Geschmackserlebnis ab – ein schnelles Gericht für laue Sommerabende.

Senf und Gemüse

Spargel mit Dill-Senf-Sauce

Zutaten:

2 kg weißer Spargel
Zucker
½ TL Butter
3 Bund Dill
125 g Mayonnaise
125 g Crème fraîche
2 EL Waldhonig
2 EL grober Senf
2 EL scharfer Senf
2 EL Zitronensaft
Salz
frisch gemahlener schwarzer Pfeffer

Zubereitung:

Die Spargelstangen unter fließendem, kaltem Wasser abspülen, von oben nach unten nicht zu dünn schälen und die holzigen Teile am unteren Ende abschneiden.

In einem passenden Topf 1–2 Liter Salzwasser zum Kochen bringen. Den Spargel mit Küchengarn gebündelt oder lose einlegen. Butter und eine kräftige Prise Zucker hinzufügen und darauf achten, dass das Gemüse vollständig mit Flüssigkeit bedeckt ist. Den Spargel bei mittlerer Hitze im leicht sprudelnden Wasser je nach Dicke der Stangen 20–25 Minuten zugedeckt garen.

Sobald er weich genug ist, den Spargel aus dem Topf nehmen und abtropfen lassen.

Den Dill abspülen, trocken tupfen und fein hacken, evtl. einen Zweig davon als Garnitur zurückbehalten.

Die Zutaten für die Sauce – die Mayonnaise, die Crème fraîche, den Honig, den Senf und den Zitronensaft – kräftig mit dem Schneebesen verrühren und alles mit Salz, Pfeffer und Zucker abschmecken. Den Spargel mit der Sauce nappieren, mit einem Dillzweig garnieren und servieren.

Dazu passen neue Pell- oder Kümmelkartoffeln sowie Schinken.

Chutneys und Eingelegtes mit Senf

Bei einer großen Anzahl von Chutneys werden Senf oder Senfkörner bzw. -mehl als Würzmittel im Kontrast zur vorhandenen Süße genutzt – eine interessante Einsatzmöglichkeit dieses Alleskönners. Dabei dient der Senf zugleich der Haltbarmachung der eingelegten Früchte und Gemüse.

Kürbis-Apfel-Chutney

Zutaten:

1 kg Kürbiswürfel, am besten Gelber Zentner oder eine andere milde Sorte
5 kleine säuerliche Äpfel
1 EL gelbe Senfkörner
1 daumengroßes Stück frischer Ingwer
2 rote Zwiebeln
1 EL Korianderkörner
250 ml Apfelessig
200 g Zucker
½ TL Salz

Zubereitung:

Den Kürbis schälen, vierteln, entkernen und würfeln. Die Äpfel waschen, schälen, ebenfalls entkernen und würfeln. Die Zwiebeln und den Ingwer schälen, Erstere fein hacken, Letzteren auf der Kartoffelreibe mit feinster Körnung reiben.

All diese Zutaten mit den Gewürzen, dem Zucker und dem Essig in einem Topf erhitzen und unter gelegentlichem Rühren ca. 45 Minuten lang köcheln lassen.

Das Chutney noch heiß in Gläser mit Schraubverschluss gießen (randvoll) und sofort verschrauben. Nach einer Woche ist es gebrauchsfertig.

Überhaupt eignet sich Senf außerordentlich gut als Zutat beim Einmachen und allein darüber könnte man schon ein ganzes Buch schreiben. Hier stelle ich Ihnen als Beispiel einen Klassiker in zwei Varianten vor: eingelegte Senffrüchte. Diese können sowohl als Begleitung zu hellem Fleisch, etwa als Vorspeise, als auch für sich allein als Dessert genossen werden, dies bleibt ganz Ihnen überlassen.

Süß-saure Senffrüchte

Zutaten:

500 g Mirabellen
500 g dunkle Süßkirschen
500 g Aprikosen
500 g kleine Pfirsiche
1 kleine Honigmelone, ca. 1 kg
1 unbehandelte Zitrone
1 kg Einmachzucker
500 ml milder Weißweinessig
100 g weißes Senfpulver

Zubereitung:

Alle Früchte kalt abwaschen und entsteinen. Die Mirabellen, Kirschen und Aprikosen halbieren, die Pfirsiche vierteln. Die Melone halbieren und die Kerne sowie das faserige Fruchtfleisch entfernen, dann die Frucht achteln, das Fruchtfleisch entnehmen und in mundgerechte Würfel schneiden.

750 g Zucker mit ½ Liter Wasser in einem Topf erhitzen und aufkochen lassen, bis sich der Zucker aufgelöst hat. Die Früchte darin portionsweise jeweils zehn Minuten lang kochen lassen, dann herausheben und in vorbereitete Gläser schichten.

Den restlichen Zucker mit dem Essig in den Sud mischen und ca. 15 Minuten unter ständigem Rühren um ein Drittel einkochen lassen. Derweil die Zitrone mit heißem Wasser abspülen, die Schale mit dem Zestenreißer dünn abschälen und fein hacken. Dann die Zitrone auspressen und den Saft, zusammen mit der abgeriebenen Schale und dem Senfpulver, in den Sud rühren.

Den so entstandenen Sirup heiß über die Früchte in den Gläsern gießen, diese sofort verschließen und anschließend kühl und dunkel lagern. Die angegebene Menge ergibt ca. drei Liter Senffrüchte und diese sind bis zu vier Monate haltbar. So haben Sie immer einen Vorrat parat oder können die Gläser, hübsch dekoriert, als originelles Geschenk nutzen.

Scharfe Senffrüchte

Zubereitung:

Die Aprikosen und Stachelbeeren waschen und putzen, Erstere halbieren, entkernen und würfeln und dann mit den Rosinen, den Stachelbeeren und den ganzen Chilischoten mischen.

Alles in vorbereitete Gläser mit Schraubverschluss schichten.

250 ml Wasser mit dem Apfelessig und dem Gelierzucker verrühren, in einem Topf aufwallen und drei Minuten lang sprudelnd kochen lassen, dann vom Feuer nehmen und den Senf einrühren.

Diese heiße Brühe über die Früchte in die Gläser geben, diese sofort verschließen und kühl und dunkel lagern.

Diese scharfen Senffrüchte sind mindestens sechs Wochen haltbar.

Zutaten:

500 g Aprikosen
250 g grüne Stachelbeeren
50 g Rosinen
3 eingelegte scharfe Chilischoten
125 ml Apfelessig
250 g Gelierzucker extra
3 EL scharfer Senf

Senf, das kleine Wunder

Jetzt haben Sie Senf auf so vielfältige Weise kennenlernen können, dass Sie die Formulierung »Gib deinen Senf dazu« nun vielleicht in anderem Sinne verstehen werden. Ich hoffe, Sie konnten Neues, Überraschendes und vielleicht auch Kurioses in Bezug auf Senf entdecken und haben die schier unerschöpflichen Möglichkeiten dieses »flüssigen Goldes« schätzen gelernt.

Nicht umsonst ist Senf schon seit Jahrtausenden ein begehrtes Gut, das als Heilmittel ebenso vielseitig einsetzbar ist wie als Speisewürze und gar in dem Ruf stand, die Leidenschaft zu wecken und den Verstand zu schärfen – es ist aus der Kulturgeschichte nicht mehr wegzudenken.

Mit der vorliegenden Rezeptsammlung, die natürlich keinerlei Anspruch auf Vollständigkeit erhebt, habe ich aufzeigen wollen, dass Senf viel mehr ist als ein Würzmittel aus dem Supermarkt, und habe mich bemüht, ein breites Spektrum seiner vielseitigen Anwendungsmöglichkeiten darzustellen. Ich hoffe, damit Ihre Fantasie noch ein wenig mehr beflügelt, Ihre Lust am Kochen weiter angeregt und vielleicht auch Ihre Leidenschaft für Senf geweckt zu haben.

Bildnachweis

Flickr.com

93 (Armin Flickr)

Fotolia

Senffass unter Pagina (Xavier), 31 (Miroslawa Drozdowski), 45 (Natika), 64 (Miroslawa Drozdowski), 83 (Ms. Moloko)

Lebensmittelfotos.com

36, 38, 45, 48–49, 53, 58, 61, 62, 64, 68, 75, 118–119

Pinterest

23 (Qualle 53)

Pixabay

33, 45, 66, 71, 73, 79, 82, 83, 98–99, 105, 106–107, 113, 114–115, 117, 123, 125, 126–127

Wikimedia Commons

1 (Herik), 28 (Rainer Zenz), 29 (Rainer Zenz), 30 (Rainer Zenz), 31 (Rainer Zenz), 32 (David Monniaux), 32 (Thogru), 37 (Matt Saunders), 44 (Miansari66), 50–51 (Christ[a]l Bloomington), 52 (TheBernFiles), 54 (Amos Evan), 59 (Jonas Bergsten), 62 (Rainer Zenz), 63 (Jules Rolls Royce), 69 (David Masters), 76–77 (Takeaway), 80–81 (Jessica from Hove), 86–87 (Takeaway), 121 (Simon Law)

Ebenfalls im Programm des Regionalia Verlages

978-3-85510-148-1

978-3-85510-142-9

978-3-85510-208-2

978-3-939722-81-6

Jeweils 128 Seiten, Format: 15,8 x 19,8 cm, Hardcover, € 4,95